Pilze der Alpen

Berenkamp

Ursula Peintner
Jörg Thien

Pilze der Alpen

Mit einem Vorwort von
Meinhard Moser

Berenkamp

Die Deutsche Bibliothek – CIP-Einheitsaufnahme

Thien, Jörg/Peintner, Ursula: Pilze der Alpen /
Jörg Thien , Ursula Peintner . -
Hall in Tirol : Berenkamp
ISBN 3-85093-126-9

Ein Schau- und Lesebuch für den Pilzfreund

aus der Kulturstadt Hall in Tirol

© Berenkamp

Umschlaggestaltung: e. a. artbüro, Hall in Tirol

Das Werk ist urheberrechtlich geschützt.
Die dadurch begründeten Rechte bleiben, auch bei
Übersetzung oder nur auszugsweiser Verwertung,
vorbehalten.

Inhaltsverzeichnis

10   Vorwort

11   Was sind Pilze?

11   Merkmale von Pilzfruchtkörpern
12   Hinweise zum Sammeln und Verarbeiten von Speisepilzen
13   Pilzgifte
14   Pilznamen
15   Wichtige Begriffe
17   Wichtige Erkennungsmerkmale

19   Pilzbeschreibungen: Röhrlinge

20   Hohlfußröhrling, *Boletinus cavipes* (Klotzsch.: Fr.) Kalch.
21   Schönfußröhrling, *Boletus calopus* Fr.
22   Steinpilz, *Boletus edulis* Bull.: Fr.
23   Flockenstieliger Hexenröhrling, *Boletus erythropus* (Fr.: Fr.) Pers.
24   Netzstieliger Hexenröhrling, *Boletus luridus* Schaeff.: Fr.
25   Satanspilz, *Boletus satanas* Lenz
26   Pfefferröhrling, *Chalciporus piperatus* (Bull.: Fr.) Bat.
27   Erlengrübling, *Gyrodon lividus* (Bull.: Fr.) Karst.
28   Moor-Birkenpilz, *Leccinum niveum* (Fr.) Rauschert
29   Gemeiner Birkenpilz, *Leccinum scabrum* (Bull.: Fr.) S. F. Gray
30   Heide-Rotkappe, *Leccinum versipelle* (Fr.) Snell
31   Porphyrröhrling, *Porphyrellus porphyrosporus* (Fr.) Gilb.

32	Strubbelkopfröhrling, *Strobilomyces strobilaceus* (Scop.: Fr.)
33	Kuhröhrling, *Suillus bovinus* (L.: Fr.) Roussel
34	Körnchenröhrling, *Suillus granulatus* (L.: Fr.) Roussel
35	Goldröhrling, *Suillus grevillei* (Klotzsch.: Fr.) Sing.
36	Butterpilz, *Suillus luteus* (L.: Fr.) Roussel
37	Elfenbeinröhrling, *Suillus placidus* (Bonord) Sing.
38	Zirbenröhrling, *Suillus plorans* (Roll.) Sing.
39	Beringter Zirbenröhrling, *Suillus sibiricus* Sing.,
40	Rostroter Lärchenröhrling, *Suillus tridentinus* (Bres.) Sing.
41	Sandröhrling, *Suillus variegatus* (SW.: Fr.) Kuntze
42	Grauer Lärchenröhrling, *Suillus viscidus* (Fr. & Hök) S. Rauschert
43	Gallenröhrling, *Tylopilus felleus* (Bull.: Fr.) Karst.
44	Maronenröhrling, *Xerocomus badius* (Fr.) Kühn ex Gilb.
45	Rotfußröhrling, *Xerocomus chrysenteron* (Bull. ex St. Amans) Quél.
46	Schmarotzerröhrling, *Xerocomus parasiticus* (Bull.: Fr.) Quél.
47	Ziegenlippe, *Xerocomus subtomentosus* (L.: Fr.) Quél.
49	Pilzbeschreibungen: Blätterpilze mit weißen bis gelben, splitternden oder milchenden Lamellen; Täublinge und Milchlinge
50	Rosaverfärbender Milchling, *Lactarius acris* (Bolt.: Fr.) S. F. Gray
51	Echter Reizker, *Lactarius deliciosus* (L.: Fr.) S. F. Gray
52	Fichtenreizker, *Lactarius deterrimus* Gröger
53	Pechschwarzer Milchling, *Lactarius picinus* Fr.
54	Pfeffermilchling, *Lactarius piperatus* (Fr.) S. F. Gray
55	Rotbrauner Milchling, *Lactarius rufus* (Scop.: Fr.) Fr.
56	Grubiger Milchling, *Lactarius scrobiculatus* (Scop.: Fr.) Fr.
57	Birkenreizker, *Lactarius torminosus* (Schaeff.: Fr.) Pers.
58	Brätling, *Lactarius volemus* (Fr.) Fr.
59	Frauentäubling, *Russula cyanoxantha* (Schaeff.) Fr.
60	Speitäubling, *Russula emetica* (Schaeff.: Fr.) Pers.
61	Brauner Ledertäubling, *Russula integra* (L.) Fr.
62	Mandeltäubling, *Russula laurocerasi* Melzer
63	Dickblättriger Schwarztäubling, *Russula nigricans* Fr.
64	Apfeltäubling, *Russula paludosa* Britz.

65	Grünfelderiger Täubling, *Russula virescens* (Schaeff.) Fr.
66	Nadelwald-Heringstäubling, *Russula xerampelina* (Schaeff.) Fr.

67	Pilzbeschreibungen: Blätterpilze mit weißen bis gelben, freien Lamellen
68	Gelber Wulstling, *Amanita citrina* (Schaeff.) Pers.
70	Orangebrauner Scheidenstreifling, *Amanita crocea* (Quél.) Sing.
71	Fliegenpilz, *Amanita muscaria* (L.: Fr.) Hooker
72	Pantherpilz, *Amanita pantherina* (DC.: Fr.) Krombholz
74	Grüner Knollenblätterpilz, *Amanita phalloides* (Vaill.) Secr.
76	Grauer Wulstling, *Amanita spissa* (Fr.) Kumm.
77	Grauhäutiger Scheidenstreifling, *Amanita submembranacea* (Bon) Gröger
78	Perlpilz, *Amanita rubescens* (Pers.: Fr.) S. F. Gray
79	Grauer Scheidenstreifling, *Amanita vaginata* (Bull.: Fr.) Vitt.
81	Spitzhütiger Knollenblätterpilz, *Amanita virosa* Lamark
82	Rauher Schirmling, *Lepiota aspera* (Pers.: Fr.) Quél.
83	Wolliggestiefelter Schirmling, *Lepiota clypeolaria* (Bull.: Fr.) Kumm.
84	Stinkschirmling, *Lepiota cristata* (Bolt.: Fr.) Kumm.
85	Parasol, *Macrolepiota procera* (Fr.) Sing.
86	Jungfern-Schirmling, *Macrolepiota puellaris* (Fr.) M. M. Moser
87	Safranschirmling, *Macrolepiota rachodes* (Vitt.) Sing.

89	Pilzbeschreibungen: Blätterpilze mit weißen bis gelben, angewachsenen Lamellen
90	Hallimasch, *Armillaria mellea* (Vahl) Kumm. ss. lato
91	Mairitterling, *Calocybe gambosa* (Fr.) Donk
92	Ockerbrauner Trichterling, *Clitocybe gibba* (Pers.) Kumm.
93	Amiant-Körnchenschirmling, *Cystoderma amianthinum* (Scop.) Fayod
94	Knopfstieliger Rübling, *Gymnopus confluens* (Pers.) Antonín, Halling & Noordel
95	Märzellerling, *Hygrophorus marzuolus* (Fr.) Bres.
96	Herbstblatt, *Lepista nebularis* (Batsch: Fr.) Harmaja
97	Frühlings-Weichritterling, *Melanoleuca cognata* (Fr.) K. & M.
98	Kahler Krempling, *Paxillus involutus* (Batsch) Fr.
99	Horngrauer Rübling, *Rhodocollybia butyracea forma asema* (Fr.: Fr.) Antonín, Halling & Noordel

| 100 | Gefleckter Rübling, *Rhodocollybia maculata* (Alb. & Schwein.: Fr.) Sing.
| 101 | Seifenritterling, *Tricholoma saponaceum* (Fr.) Kumm.
| 102 | Schwefelritterling, *Tricholoma sulphureum* Kumm-≠103 Gemeiner Erdritterling, *Tricholoma terreum* (Schaeff.) Kumm.
| 104 | Wolliger Ritterling, *Tricholoma vaccinum* (Pers.: Fr.) Kumm.

| 105 | Pilzbeschreibungen: Blätterpilze mit rosaroten bis braunen Lamellen

| 106 | Schaf-Champignon, *Agaricus arvensis* Schäff.
| 108 | Stadt-Champignon, *Agaricus bitorquis* (Quél.) Sacc.
| 109 | Wald-Champignon, *Agaricus silvaticus* Schaeff.
| 110 | Mehlräsling, *Clitopilus prunulus* (Scop.: Fr.) Kumm.
| 111 | Geschmückter Gürtelfuß, *Cortinarius armillatus* (Fr.) Fr.
| 112 | Dunkelbrauner Gürtelfuß, *Cortinarius brunneus* Fr.
| 113 | Sparriger Rauhkopf, *Cortinarius humicola* (Quél.) R. Maire
| 114 | Anis-Klumpfuß, *Cortinarius odorifer* Britz.
| 115 | Spitzkegeliger Rauhkopf, *Cortinarius orellanoides* Henry
| 116 | Lila Dickfuß, *Cortinarius traganus* Fr.
| 117 | Ziegelgelber Schleimkopf, *Cortinarius varius* Fr.
| 118 | Gift-Häubling, *Galerina marginata* (Fr.) Kühn.
| 119 | Stockschwämmchen, *Kuehneromyces mutabilis* (Schaeff.: Fr.) Singer & A. H. Smith
| 120 | Zigeuner, *Rozites caperatus* (Pers.) Karst.

| 121 | Pilzbeschreibungen: Blätterpilze mit grünen oder grauen bis schwärzlichen Lamellen

| 122 | Faltentintling, *Coprinus atramentarius* (Bull.) Fr.
| 123 | Schopftintling, *Coprinus comatus* (Muell.: Fr.) Gray.
| 125 | Spechttintling, *Coprinus picaceus* (Bull.: Fr.) S. F. Gray
| 126 | Grünblättriger Schwefelkopf, *Hypholoma fasciculare* (Huds.: Fr.) Kumm.

| 127 | Pilzbeschreibungen: Pilze mit Leisten

| 128 | Eierschwamm, *Cartharellus cibarius* Fr.

129	Trompetenpfifferling, *Cantharellus tubaeformis* (Bull.) Fr.
130	Totentrompete, *Craterellus cornucopioides* (L.) Pers.
131	Schweinsohr, *Gomphus clavatus* (Pers.: Fr.) S. F. Gray
133	Pilzbeschreibungen: Andere Pilze
134	Schafeuter, *Albatrellus ovinus* (Schaeff.) Kotl. & Pouzar
135	Frühjahrslorchel, *Gyromitrea esculenta* (Pers.: Fr.) Fr.
137	Herbstlorchel, *Helvella crispa* Fr.
138	Semmelstoppelpilz, *Hydnum repandum* L.: Fr.
139	Spitzmorchel, *Morchella conica* Pers.
140	Habichtspilz, *Sarcodon imbricatum* (L.) Karst.
141	Register
141	Register der lateinischen Pilznamen und der Synonyme
142	Register der englischen Pilznamen
143	Register der französischen Pilznamen
145	Register der italienischen Pilznamen
146	Register der deutschen Pilznamen

Vorwort

Die meisten Menschen interessieren sich für Pilze wegen ihres Genußwerts, zum Teil auch wegen des Vergnügens des Pilzesuchens. Und eine der wesentlichen Aufgaben eines Pilzbuches ist es dementsprechend, über Eßbarkeit oder Giftigkeit von Pilzen zu informieren. Daneben wird immer mehr auch der Bedeutung der Pilze für die Natur Beachtung geschenkt. Um das richtige Verständnis dafür zu bekommen, muß man sich das Wesen der Pilze vergegenwärtigen und bedenken, daß das, was wir von den Pilzen in Wald und Feld sehen und sammeln, nur deren Fruchtkörper sind, der eigentliche Pilz aber aus einem oft weit verbreiteten Geflecht von Pilzfäden (Mycelien) besteht, das im Boden oder in anderem Substrat wie Holz und dergleichen zu finden ist.

Pilze besorgen zusammen mit Bakterien und Kleintieren den Abbau von allem anfallendem organischem Material wie Streu usw. Ohne diese Abbauleistung würde der Stoffkreislauf in der Natur binnen kurzem zum Erliegen kommen. Pilze produzieren aber auch verschiedene chemische Verbindungen, die sie zum Teil in den Boden ausscheiden. Solche Verbindungen können auf andere Organismen hemmende oder fördernde Wirkungen haben (Antibiotika, Wuchsstoffe oder Vorläufer-Substanzen, Enzyme) und können teilweise auch industriell interessant sein. An Hexenringen kann man oft eine dunkelgrüne, kräftige Wachstumszone und/oder auch eine Zone, in der die Pflanzen absterben, beobachten. Das sind Wirkungen, die von den Pilzen verursacht werden.

Viele Pilze leben in Symbiose mit höheren Pflanzen, z. B. mit unseren Waldbäumen. Wälder könnten sich ohne Pilze nur viel schlechter, an manchen Standorten gar nicht entwickeln. Gerade in den Alpen (und auch in anderen Gebirgen) würde die Waldgrenze ohne die symbiotischen Pilze wesentlich tiefer liegen. Umgekehrt bestimmen auch parasitische Pilze den Verlauf der Waldgrenze mit, da sie Jungpflanzen dort befallen, wo sich eine langandauernde Schneebedeckung findet, also in der alpinen Stufe.

Das vorliegende Buch möge in Wort und Bild helfen, Pilze kennenzulernen und Verständnis für ihre Bedeutung und Freude an der Natur fördern.

DDr. Meinhard Moser
em. Univ.-Prof.

Juni 2001

Was sind Pilze?

Zu den Pilzen gehören Tausende von Organismen, die aufgrund spezieller Erscheinungsformen und Stoffwechseleigenschaften in einem eigenen Reich, dem „Regnum Fungi" zusammengefaßt werden: Pilze unterscheiden sich von Pflanzen beispielsweise dadurch, daß sie kein Chlorophyll besitzen; diese grüne Substanz befähigt die Pflanzen zur Gewinnung von Energie aus Licht (Photosynthese). Daher müssen Pilze ihre Energie aus lebendem bzw. abgestorbenem pflanzlichem oder tierischem Material gewinnen. Zum Reich der Pilze gehören neben der in diesem Buch behandelten Gruppe der Höheren Pilze Schimmelpilze, Rostpilze, Hefen und viele weitere pilzliche Pflanzen- und Tierparasiten, wie Mehltaupilze oder Nadelschütten.

Der Begriff „Pilz" wird oft nur für den makroskopisch sichtbaren Teil dieser Organismen, für die sporenbildenden Fruchtkörper, verwendet. Jeder dieser Pilzfruchtkörper bildet nahezu eine Million Sporen. Gelangt eine dieser Sporen auf ein geeignetes Substrat, keimt sie aus und bildet ein Geflecht aus mikroskopisch dünnen Fäden, das als Myzel bezeichnet wird. Als Substrat kann Boden, Streu, Holz oder Mist dienen, es wird von den Pilzen für deren Ernährung genutzt. Dieses Myzel ist die eigentliche Hauptlebensform der Pilze, die meist nicht sichtbar ist. Erst wenn wieder oberflächliche Fruchtkörper gebildet werden, kann auf das Vorhandensein eines solchen Myzels geschlossen werden.

Je nach Lebensweise unterscheidet man zwischen saprophytischen, parasitischen und symbiontischen Pilzen. *Saprophytische Pilze* ernähren sich von abgestorbenem organischem Material. In Zusammenarbeit mit Bakterien und Bodentieren verwandeln diese Pilze Abfallprodukte wieder in Bodenbestandteile und sind insofern für die Stoffkreisläufe in der Natur unverzichtbar. *Parasitische Pilze* „leben auf Kosten ihres Wirts", sie schaden lebenden Pflanzen oder Tieren und können diese sogar abtöten. *Symbiontische Pilze* spielen im Ökosystem eine wichtige Rolle: Ihre Myzelien bilden im Boden mit den Wurzelspitzen der Bäume spezielle Pilz-Wurzel-Geflechte, die sogenannte Mykorrhiza, aus, wovon beide Symbiosepartner Vorteile ziehen: Der Baum wird vom Pilzgeflecht mit Wasser, Mineralien und Nährstoffen versorgt, der Pilz erhält Kohlenhydrate. Durch diese Symbiose können Bäume in extremere Habitate vordringen: Infolge dieser fruchtbaren Wechselwirkung konnte beispielsweise die Waldgrenze im Alpenraum ein- bis zweihundert Meter nach oben verschoben werden.

Merkmale von Pilzfruchtkörpern

Viele Großpilze bestehen aus einem schirmförmigen Hut und einem Stiel. Ein wichtiges Unterscheidungsmerkmal ist die *Fruchtschicht*, die sich an der Unterseite des Huts befindet. Dort werden Millionen von Sporen gebildet, mit denen die Verbreitung der Pilze erfolgt. Besteht diese Fruchtschicht aus vielen dünnen Blättern, sogenannten Lamellen, spricht man von Blätterpilzen; besteht die Fruchtschicht jedoch aus vielen eng aneinander liegenden Röhren wie beim Steinpilz, spricht man von Röhrlingen. Neben diesen zwei häufigsten Formen gibt es Fruchtschichten, die aus einzelnen Zähnchen bestehen oder aus wenig abgehobenen, verzweigten Adern, die als Leisten bezeichnet werden.

Um unangenehme Verwechslungen zu vermeiden, muß jeder Pilzsammler darauf achten, welcher Typ von Fruchtschicht vorliegt. Besonders bei Blätterpilzen ist außerdem sehr wichtig, ob bzw. wie die Lamellen am Stiel angewachsen sind und welche Farbe die reifen Pilze aufweisen. Von der Lamellenfarbe kann in vielen Fällen auf die charakteristische Sporenfarbe (weiß, creme bis dottergelb, rot, hell- bis dunkelbraun oder schwarz) geschlossen werden: Pilzsporen werden auf der gesamten Oberfläche der Lamellen gebildet; während des Reifungsprozesses nehmen sie die charakteristische Farbe an. Eine solche langsame Verfärbung kann beispielsweise bei Champignons gut beobachtet werden, deren Lamellen zuerst weiß, dann rosarot und im reifen Zustand schließlich dunkelbraun sind.

Bei jungen Fruchtkörpern ist der Hut meist noch geschlossen. Bei vielen jungen Pilzen in diesem Zustand zeigt sich vom Hutrand zum Stiel das Partialvelum, eine dünne, die Fruchtschicht schützende Haut. Sobald sich der Hut öffnet, reißt das Partialvelum und bleibt als Ring am Stiel zurück. Die Fruchtschicht ist nun frei und kann die Sporen entlassen.

Bei anderen Pilzen ist der ganze junge Fruchtkörper von einer häutigen Schicht, dem Universalvelum, umhüllt. Bei Reife öffnet sich der Hut, der Stiel streckt sich, das Velum wird gesprengt. Der untere Teil kann als dünne häutige Hülle an der Stielbasis erhalten bleiben – er wird dann als Volva bezeichnet. Der obere Teil wird durch die Größenzunahme des Huts meist in viele Einzelteile zerrissen, die dann als abwischbare Flocken oder Warzen auf der Hutoberfläche bleiben.

Es gibt Pilze, die sowohl ein Partial- als auch ein Universalvelum besitzen, wie beispielsweise der Fliegenpilz. Groß ist aber auch die Zahl jener Pilze, die überhaupt kein Velum besitzen. Das Vorhandensein oder das Fehlen von Velum ist daher ein weiteres wichtiges Unterscheidungsmerkmal.

Schließlich haben viele Pilze charakteristische Gerüche, z. B. nach Waschseife, Anis, rohen Kartoffeln oder ranziger Butter. Um Gerüche wiedererkennen zu können, braucht es zwar einige Übung, aber dieses Merkmal kann oft helfen, Speisepilze von deren giftigen Doppelgängern eindeutig zu unterscheiden.

Hinweise zum Sammeln und Verarbeiten von Speisepilzen

- Sammelbeschränkungen beachten (Auskünfte dazu erteilen Gemeinde, Fremdenverkehrsamt usw.).
- Pilze immer mit der gesamten Stielbasis sammeln, um gefährliche Verwechslungen zu vermeiden.
- Nur Pilze in gutem Zustand sammeln; faulende, vertrocknete oder wurmige Pilze bleiben besser im Wald.
- Pilze, die Sie gut kennen, bereits an Ort und Stelle vom gröbsten Schmutz reinigen.

- Zum Pilzesammeln möglichst einen Korb oder andere feste Behälter verwenden, damit die Pilze nicht zerdrückt werden.
- Unbekannte Pilze nicht zusammen mit den Speisepilzen transportieren, sondern von diesen getrennt z. B. in einer eigenen Plastikdose oder in Alufolie gewickelt.
- Im Fall des geringsten Zweifels über die Identität eines Pilzes vor dem Reinigen bzw. Zubereiten eine Pilzberatungsstelle, das Marktamt oder einschlägig geprüfte Fachleute um Auskunft bitten.
- Nur bekannte Pilze essen. Pilze nicht roh verspeisen, weil in diesem Zustand selbst Steinpilze Verdauungsbeschwerden hervorrufen können.
- Aufgrund der geringen Haltbarkeit Pilze möglichst schnell verkochen oder konservieren. Gängige Konservierungsmethoden sind Trocknen, Einfrieren oder Einkochen (Einwecken, in Essig einlegen usw.).
- Die Natur respektieren! Keine unbekannten oder vermeintlich giftigen Pilze zerstören, den Waldboden möglichst wenig stören.

Pilzgifte

Pilze können zu Vergiftungen mit verschiedenen Symptomen führen. Treten nach einer Pilzmahlzeit Beschwerden auf, sollte in jedem Fall der Arzt konsultiert werden.

Für die Behandlung von Pilzvergiftungen ist es unerläßlich zu wissen, welche Pilze gegessen wurden. Daher sollten bei Verdacht auf Pilzvergiftung Reste der Mahlzeit, wenn möglich auch Putzreste und -abfälle, notfalls auch das Erbrochene sichergestellt werden.

Man unterscheidet zwölf verschiedene Arten von Pilzvergiftungen, die im folgenden kurz vorgestellt werden. Alle dieser Vergiftungserscheinungen können im Extremfall (von der Dosis abhängig) zum Tod führen.

Phalloides-Syndrom: Knollenblätterpilz-Vergiftung. Amatoxine sind Lebergifte. Brechdurchfälle nach 4–6–24 Stunden, Schweißausbrüche, Wasserverlust. Nach scheinbarer Besserung kehren die Symptome in Verbindung mit Untertemperatur, Schüttelfrost und Leichenblässe wieder. Tod durch Nierenversagen.

Gyromitrin-Syndrom: Vergiftung durch die Frühjahrslorchel: Gyromitrin ist ein Lebergift und ein auf das Zentralnervensystem wirkendes Toxin. Brechdurchfälle nach 6–8–24 Stunden und ähnlicher Verlauf wie bei Knollenblätterpilzvergiftungen. Typische Frühjahrsvergiftung.

Orellanus-Syndrom: Vergiftung durch den Orangefuchsigen und Spitzkegeligen Hautkopf. Orellanin ist ein Nierengift. Großer Durst, Nierenschmerzen, verminderte Urinproduktion nach zwei Tagen bis einigen Wochen. Nierenschäden bzw. Tod durch Nierenversagen.

Muskarin-Syndrom: Vergiftung durch Rißpilze und Trichterlinge. Muskarin ist ein Nervengift; es führt nach wenigen Minuten bis zwei Stunden zu Schweißausbrüchen, verbunden mit Brechdurchfall.

Fliegenpilz- und Pantherpilz-Syndrom: Vergiftung durch den Fliegenpilz oder durch den Pantherpilz. Ibotensäure und Muscimol sind psychoaktive Gifte und Nervengifte. Sehstörungen sowie Rauschzustand nach 1/4–2(4) Stunden.

Psilocybin-Syndrom: Vergiftung durch Drogenpilze (z. B. Spitzkegeliger Kahlkopf Psilocybe semilanceata): Psilocybin und Psilocin sind psychoaktive Gifte und Nervengifte. Rauschzustand und Gehstörungen nach 1/4–2(4) Stunden.

Paxillus-Syndrom: nach wiederholter Pilzmahlzeit Sensibilisierung auf ein Pilzantigen: Infolge der Antigen-Antikörper-Reaktion zerfallen die roten Blutkörperchen. 1/4–2 und mehr Stunden nach der Pilzmahlzeit: Kollaps, Bauchkolik, Brechdurchfall, roter Urin.

Coprinus-Syndrom: Faltentintling-Vergiftung in Kombination mit Alkohol, der 24 Stunden vor oder bis zu 24 Stunden nach der Pilzmahlzeit konsumiert wurde. Corpin ist ein Kreislaufgift, es bewirkt Kreislaufbeschwerden, Hitzegefühl, raschen Puls, Kollaps, Atemnot.

Gastrointestinale Pilzintoxikation: Bauchschmerzen und Brechdurchfälle durch giftige Pilze verschiedenster Arten. Magen-Darm-Gifte.

Pilzindigestion: Genuß von rohen, falsch zubereiteten, verdorbenen oder zu vielen Pilzen. Rohe Pilze können Blutgifte bzw. Magen-Darm-Gifte enthalten. Brechdurchfälle oder Mißbehagen mit Völlegefühl infolge Schwerverdaulichkeit, Blut im Harn.

Pilzallergie, angeborene Unverträglichkeit: Der Organismus reagiert wie bei anderen Allergien überempfindlich auf Eiweißbestandteile der Nahrung. Antigen-Antikörper-Reaktion. Nach Minuten bis Stunden können Asthma, Durchfall, Hautreaktionen oder Kollaps auftreten. Unverträglichkeitsreaktionen dieser Art können durch fast alle Lebensmittel hervorgerufen werden.

Pilznamen

Welcher Name ist der richtige?

Leider sind die deutschen Pilznamen nicht immer eindeutig: Oft hat ein und derselbe Pilz in verschiedenen Gegenden einen anderen Namen, oft bezieht sich auch ein deutscher Name auf verschiedene Pilze. Ähnliches gilt für alle anderen Sprachen. Daher geben Wissenschaftler jedem Pilz einen international eindeutigen (lateinischen) Namen, der sich aus einem Gattungsnamen und einem Artnamen zusammensetzt. Der lateinische Artname beschreibt meist eine Eigenschaft des Pilzes wie Farbe, Geruch, Geschmack, Erscheinungszeit usw. Oft sind Pilzarten auch Personen gewidmet worden und tragen daher den Namen einer Person als Artname.

Was bedeuten die Namen, die z. T. in Klammern hinter den lateinischen Pilznamen stehen?

Der Mykologe (Pilzkundler), der eine neue Pilzart entdeckt und als erster beschreibt, darf den Pilz in die passende Gattung stellen und ihm einen lateinischen Artnamen geben. Darüber hinaus darf der Erstbeschreiber seinen Familiennamen hinter den lateinischen Pilznamen stellen. Als erst relativ wenige Pilze bekannt waren, gab es auch noch wenige Pilzgattungen. So wurden früher alle Röhrlinge in einer einzigen Gattung, der Gattung *Boletus*, zusammengefaßt. Mit der Zunahme an bekannten Arten stellte man fest, daß zwischen den Pilzen, die in dieser Gattung zusammengefaßt waren, größere Unterschiede bestanden als vermutet. Daher wurde es notwendig, z. B. die alte Gattung *Boletus* in mehrere neue Gattungen (*Boletus, Suillus, Chalciporus, Xerocomus* usw.) aufzugliedern. In einem solchen Fall darf jener Wissenschaftler, der eine neue Gattung „eröffnet", seinen Namen hinter den lateinischen Namen der Arten stellen, die aufgrund ihrer typischen Eigenschaften in diese neue Gattung übersiedelt werden müssen. Man spricht in einem solchen Fall von einer sogenannten Rekombination. Um die Leistungen der Erstbeschreiber jedoch nicht vergessen zu lassen, bleibt deren Name in Klammer vor dem Namen des Rekombinierers stehen. Beispielsweise wurde der Rostrote Lärchenröhrling *Suillus tridentinus* (Bres.) Sing. von Bresadola erstmals beschrieben, allerdings als *Boletus tridentinus* Bres. Daraufhin hat Singer diesen Röhrling in die Gattung der Schmierröhrlinge gestellt, also rekombiniert.

Was sind Synonyme?

Leider passiert es immer wieder, daß ein und derselbe Pilz mehrere lateinische Namen erhält, wenn z. B. Wissenschaftler aus voneinander weit entfernten Gegenden zur selben Zeit die gleichen Pilze neu beschreiben, ihnen aber andere Namen gaben. In einem solchen Fall ist der älteste Name gültig, alle anderen werden zu sogenannten Synonymen, also ungültigen Namen. Da manche Synonyme in gewissen Ländern oder Kreisen jedoch lange Zeit allgemein geläufig waren (Beispiele dafür lassen sich in älteren Pilzbüchern finden), ist es üblich und sinnvoll, bis zur Einbürgerung des gültigen Namens die gängigsten Synonyme anzugeben.

Wichtige Begriffe

Basis: unterer Teil des Stiels.
Cortina: spinnwebenartiges Velum der Schleierlinge, das vom Hutrand zum Stiel reicht.
Fruchtschicht: Schicht, an deren gesamter Oberfläche Sporen gebildet werden.
Guttationstropfen: flüssige Ausscheidungen in Form von zum Teil auch farbigen Tropfen.
hygrophan: während des Austrocknens zeigen die Hüte von Pilzen, die trocken andere Hutfarben haben als feucht, zwei verschiedenfarbige Zonen mit flammiger radialer Streifung.
Knolle: auffallend verdickte Stielbasis.
Lamellen: blätterartige Strukturen an der Hutunterseite, auf denen die Sporen in einer Fruchtschicht gebildet werden.
Leisten: aderige und verzweigte Strukturen der Pfifferlinge und Leistlinge, an denen die Sporen gebildet werden.
Papille: brustwarzenartige Erhebung, meist in Hutmitte.
Partialvelum: Hülle, die bei jungen, geschlossenen Fruchtkörpern vom Hutrand zum Stiel reicht

und die nach dem Öffnen des Huts in Form eines Rings am Stiel zurückbleiben kann (z. B. bei Champignons).

Poren: Öffnungen der Röhren bei Röhrlingen und Porlingen.

Ring: häutiger, faseriger oder schleimiger Velumrest am Stiel.

Röhren: fertile Schicht der Röhrlinge, die aus vielen Röhren zusammengesetzt ist. Die Fruchtschicht befindet sich an der Innenfläche der Röhren.

Scheide: siehe Volva.

Stacheln: zähnchenartige Schicht der Stachelpilze (Semmelstoppelpilze), an deren Oberfläche die Sporen gebildet werden.

Symbiose: Lebensgemeinschaft von Organismen, aus der beide Partner Nutzen ziehen.

Syndrom: Krankheitsbild.

Synonym: ungültiger lateinischer Name eines Pilzes.

Universalvelum: meist häutige Hülle, die bei jungen, geschlossenen Fruchtkörpern den gesamten Pilz umschließt. Beim Öffnen zerreißt das Universalvelum und kann als Volva an der Stielbasis und als zerrissene Flecken am Hut zurückbleiben – z. B. Fliegenpilz.

Velum: Hülle, die bei manchen Pilzarten die jungen Fruchtkörper entweder ganz (Universalvelum) oder zum Teil (Partialvelum) umschließt.

Volva: Teil des Universalvelums, das die Stielbasis scheidenartig umschließt.

Stielformen

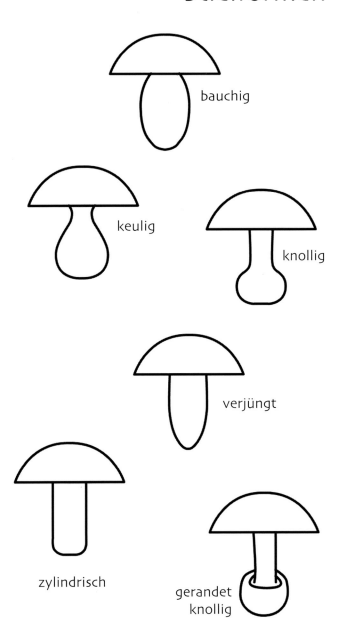

bauchig

keulig

knollig

verjüngt

zylindrisch

gerandet knollig

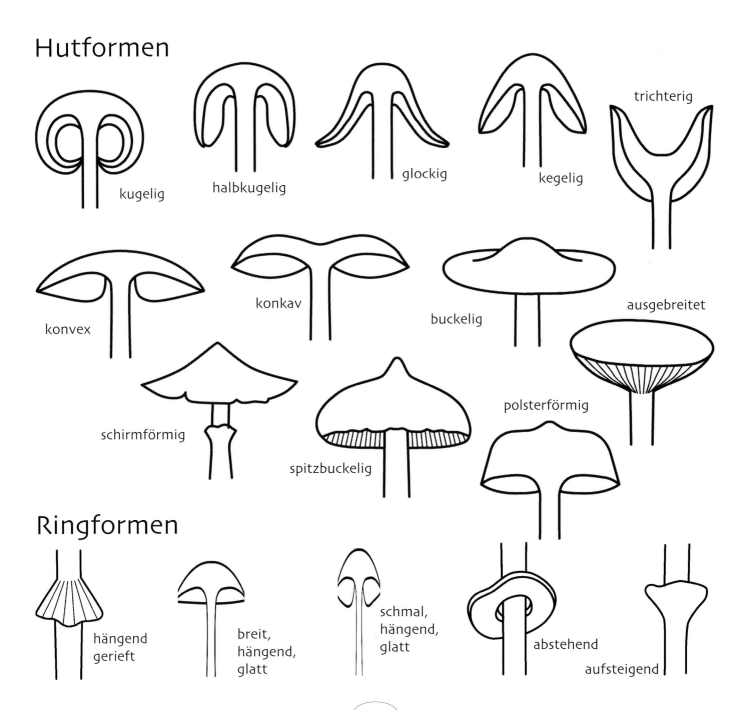

Pilzbeschreibungen

Röhrlinge

Hohlfußröhrling
Boletinus cavipes (Klotzsch: Fr.) Kalch.

Synonyme: Boletus cavipes Opat

D: Hohlfußröhrling. E: Hollow stalk, Hollow Feet. F: Bolet a pied creux. I: Boleto a pié cavo.

Hut bis zu 10 cm, filzig, gelbbraun bis zimtbraun, bei der Varietät *Boletinus cavipes* var. aureus (Roll.) Sing. goldgelb. Poren gelb, sehr groß. Stiel dem Hut gleichfarben, ebenfalls filzig, hohl, mit weißflockigem Ring. Fleisch weiß, unveränderlich. Geruch unbedeutend, Geschmack mild. In montanen und subalpinen Lagen unter Lärchen, häufig.

Verwechslungsmöglichkeiten: Der Hohlfußröhrling ist der einzige beringte, heimische Röhrling mit hohlem Stiel und kann dadurch gut von anderen Röhrlingen unterschieden werden. Auch die weiten Poren und der filzige Hut charakterisieren diesen Speisepilz gut.

Speisewert: Hohlfußröhrlinge sind mittelmäßige Speisepilze. Die Stiele werden wegen ihrer zähen Konsistenz meistens nicht gegessen.

Schönfußröhrling
Boletus calopus Fr.
Synonyme: Boletus pachypus auct. plur.

D: Schönfußröhrling, Dickfuß-Röhrling, Bitter-Röhrling. E: Bitter Bolete. F: Bolete á beau pied. I: Porcino a gambo rosso.

Hut bis zu 20 cm, dickfleischig, weißlich bis ockergrau. Röhren und Porenmündungen lebhaft gelb, im Alter olivlich, Porenmündungen bei Berührung blaugrün verfärbend. Stiel dickfleischig, am Hutansatz gelb, darunter schön und kräftig rot, auf ganzer Länge mit feiner, heller Netzzeichnung. Fleisch hellgelb, schwach blauend. Geschmack bitter. Geruch leicht nach Olivensauce. In Nadel- und Mischwäldern.

Verwechslungsmöglichkeiten: Wenn man im Alpenraum Pilze sammelt, kann man den bitteren Schönfußröhrling wegen der hellen Hutfarben mit dem giftigen Satanspilz (*Boletus satanas*) verwechseln; dieser seltene Pilz hat jedoch rote Porenmündungen. Der Wurzelnde Bitter-Röhrling (*Boletus radicans* Pers.: Fr.) besitzt den gleich blassen Hut und schmeckt ebenfalls bitter, ihm fehlen jedoch die roten Farben am Stiel.

Speisewert: Der bittere Schönfußröhrling ist schon wegen seines widerlichen Geschmacks ungenießbar.

Steinpilz
Boletus edulis Bull.: Fr.

Synonyme: Boletus bulbosus Schaeffer

D: Steinpilz, Fichten-Steinpilz, Echter Steinpilz, Herrenpilz. E: King bolete. F: Bolet comestible, aricelous, bolé, brucq, cap mol, cép, essalon, gros pied, gyrole, michotte, moussar, porchin. I: Porcino, brisa, ceppatello buono.

Hut bis 30 cm, dickfleischig, Oberfläche schmierig, dattel- bis rehbraun. Röhren anfangs weiß, dann gelblich, im Alter oliv, Porenmündungen klein, bei Berührung nicht blauend. Stiel dickfleischig, im oberen Drittel feine helle Netzzeichnung. Fleisch fest, weiß, nußartiger Geschmack. In Nadel- und Mischwäldern.

Verwechslungsmöglichkeiten: Hinter dem weithin geläufigen Begriff Steinpilz verbergen sich eine Reihe von ebenfalls hervorragenden Speisepilzen: Der Rothütige- oder Kiefernsteinpilz (*Boletus pinophilus* Pilát & Dermek) hat eine dunkel-rotbraune Hutfarbe und kommt bei Kiefern vor, während der wärmeliebende Bronzeröhrling (*Boletus aereus* Bull.: Fr.) hauptsächlich bei Kastanien, Buchen und Eichen fruktifiziert. Der klassische Doppelgänger von Steinpilzen ist der äußerst bittere Gallenröhrling (*Tylopilus felleus*). Man kann diesen gallenartig bitter schmeckenden Pilz, der bereits in geringen Mengen ein gesamtes Pilzgericht ungenießbar machen kann, an den bald rosa werdenden Röhren und an dem dunklen, groben Stielnetz erkennen.

Speisewert: Steinpilze sind hervorragende Speisepilze, in roher Form können jedoch Unverträglichkeitsreaktionen auftreten.

Flockenstieliger Hexenröhrling
Boletus erythropus (Fr.: Fr.) Pers.
Synonyme: Boletus miniatoporus Secr.

D: Flockenstieliger Hexenröhrling, Schuppenstieliger Hexenröhrling, Tannenpilz, Schusterpilz. E: Red foot boletus. F: Bolet á pied rouge. I: Boleto a pori rossi.

Hut bis zu 20 cm, dunkelbraun, samtig. Röhren gelb, Porenmündungen rot, bei Berührung schnell blau bis schwarzblau anlaufend. Stiel auf gelbem Grund rotflockig, ohne Netz, bei Druck blau verfärbend. Fleisch gelb, im Schnitt sofort blau verfärbend, bald jedoch wieder entfärbend. Geschmack und Geruch unauffällig. In Nadel- und Laubwäldern.

Verwechslungsmöglichkeiten: Achtet man auf das fehlende Stielnetz, sind Verwechslungen mit ähnlichen Hexenröhrlingen sehr gut ausschließbar: Der Netzstielige Hexenröhrling (*Boletus luridus*) hat ein Netz am Stiel. Der bittere Schönfußröhrling (*Boletus calopus*) hat ebenfalls ein Netz am Stiel, aber gelbe Porenmündungen und einen helleren Hut. Der Stiel des selteneren Glattstieligen Hexenröhrlings (*Boletus queletii* Schulz) hat einen vollkommen glatten, an der Basis rotviolettlichen Stiel.

Speisewert: Der Flockenstielige Hexenröhrling ist ein ausgezeichneter Speisepilz, der jedoch in rohem Zustand Verdauungsbeschwerden hervorrufen kann.

Netzstieliger Hexenröhrling
Boletus luridus Schaeff.: Fr.

Synonyme: Boletus sordarius Fr., *Boletus luridiformis* Rostk., *Boletus lorinseri* Beck

D: Netzstieliger Hexenröhrling. E: Lurid boletus, Under oak mushroom. F: Bolet blafard, bolt fol, cép blafard, cul de saoumo, faux cep, oignon de loup, pissoco. I: Boleto lurido.

Hut 10–25 cm, ockerbraun, olivgrau, bräunlich, relativ variabel in der Farbe, samtig. Röhren gelb, Porenmündungen rot, bei Berührung schnell blau bis schwarzblau anlaufend. Stiel mit rötlichem, langgezogenem Netz auf gelbem Grund, Basis rötlich, bei Druck blau verfärbend. Fleisch gelb, in der Stielbasis weinrot, im Schnitt blau verfärbend. Geschmack und Geruch unauffällig. In Laub- und Nadelwäldern (besonders auf kalkhaltigen Böden).

Verwechslungsmöglichkeiten: Typischer Vertreter der sogenannten Hexenröhrlinge, für die ein schnell tintenblau anlaufendes Fleisch charakteristisch ist. Der bittere Schönfußröhrling (*Boletus calopus*) unterscheidet sich durch den helleren, grauweißen Hut und durch gelbe Porenmündungen; der uneingeschränkt eßbare Flockenstielige Hexenröhrling (*Boletus erythropus*) hat statt eines Stielnetzes nur ein rötliches Flockenmuster. Der giftige Satanspilz (*Boletus satanas*) hat einen fast weißlichen Hut und verfärbt nur schwach blau.

Speisewert: Roh giftig, auch beim Genuß von gut abgekochten Pilzen sind in Kombination mit Alkohol Vergiftungserscheinungen möglich.

Satanspilz
Boletus satanas Lenz

Synonyme: Boletus marmorens Rocques, Boletus foetidus Trog.

D: Satanspilz, Satansröhrling, Teufelspilz, Blutschwamm. E: Satan's mushroom, satanic boletus. F: Bolete satan, Satan, cépe diabolique. I: Boleto satana, porcino malefico, brisa matta, terun, lardaru.

Hut bis zu 30 cm, halbkugelig gewölbt, weiß bis schmutzigolivgrau, ohne rosa Beiton. Röhren gelb-olivgelblich, Porenmündungen leuchtendrot. Stiel bauchig, mit lebhafter roter Netzzeichnung auf gelblichem Grund. Fleisch weiß, schwach blauend, bald mit Ekel erregendem Geruch. Vor allem in Laubwäldern auf kalkhaltigem Untergrund, selten. Wärmeliebende Art.

Verwechslungsmöglichkeiten: Der relativ seltene Satanspilz kann mit dem Schönfußröhrling (*Boletus calopus*) verwechselt werden: Bei letzterem bleiben die Röhrenmündungen jedoch immer gelb, und das Fleisch ist bitter. Auch können Verwechslungen mit anderen rotfüßigen Röhrlingen, zum Beispiel mit dem Netzstieligen Hexenröhrling (*Boletus luridus*), vorkommen. Hexenröhrlinge besitzen nie einen weißlichen Hut und laufen im Schnitt schnell und intensiv blau an.

Speisewert: Der Genuß des giftigen Satanspilzes führt zu heftigen Magen-Darm-Störungen.

Pfefferröhrling
Chalciporus piperatus (Bull.: Fr.) Bat.

Synonyme: Boletus piperatus Bull., *Suillus piperatus* (Bull.: Fr.) O. Kuntze

D: Pfefferröhrling. E: Pepper bolete. F: Bolet poivrè. I: Boleto piperato, Boleto bepato.

Hut 2–7 cm, speckig bis schmierig, orange bis rostbraun. Poren weit, kupferorange. Stiel gelbbraun mit lebhaft gelber Basis. Fleisch gelb, in Stielbasis safrangelb. Geruch unauffällig, Geschmack pfefferig scharf. In Nadel- und Mischwäldern, häufig.

Verwechslungsmöglichkeiten: Der Pfefferröhrling ist ein relativ kleiner Röhrling mit kupferorangen Poren. Im Zweifelsfall kann er am pfefferigen Geschmack eindeutig erkannt werden. Verwechslungen kann es mit anderen Pfefferröhrlingen geben, die jedoch sehr selten sind, keine Orangetöne auf den Poren haben und mild oder bitter schmecken.

Speisewert: Der Pfefferröhrling ist nicht giftig, aber sehr scharf und daher ungenießbar. Er wurde früher getrocknet, zermahlen und als Pfefferersatz verwendet. Auch frisch kann der Pfefferröhrling als Gewürz verwendet werden.

Erlengrübling
Gyrodon lividus (Bull.: Fr.) Karst.

Synonyme: –

D: Erlengrübling. E: Alder bolete. F: Bolet livide. I: Boleto degli ontani.

Hut 3–12 cm, gelblich bis ockerbräunlich, an Druckstellen blauend, Rand bei jungen Exemplaren eingerollt. Röhren sehr kurz und deutlich am Stiel herablaufend, nur schwer vom Hut abtrennbar, zuerst goldgelb, dann ockerlich. Stiel dem Hut gleichfarben, bei Berührung blau, grün oder rötlich verfärbend. Fleisch im Hut gelblich, im Schnitt schwach blauend. Geruch und Geschmack unauffällig. Unter Erlen auf sumpfigen Standorten.

Verwechslungsmöglichkeiten: Der Erlengrübling könnte am ehesten mit einem Erlen-Krempling (*Paxillus filamentosus* Fr.) verwechselt werden, der jedoch anstelle von Röhren Lamellen hat.

Speisewert: Der Erlengrübling ist eßbar, sollte wegen seiner Seltenheit aber nicht gesammelt werden.

Moor-Birkenpilz
Leccinum niveum (Fr.) Rauschert
Synonyme: Leccinum holopus (Rostk.) Watl.

D: Moor-Birkenpilz. E: White scaberstalk. F: Bolet tout en pied. I: Porcinello bianco.

Hut 4–8 cm, weiß bis creme, meist mit bläulichen oder grünlichen Tönen, Röhren schmutzigweiß, Stiel weiß bis olivbräunlich, mit weißen Flocken bedeckt. Fleisch sehr weich, weiß, in der Stielbasis blaugrün verfärbend. Bei Birken in Torfmooren.

Verwechslungsmöglichkeiten: Alle Rauhfußröhrlinge haben einen rauhflockigen Stiel. Verwechslungen kommen hauptsächlich innerhalb dieser ausschließlich aus Speisepilzen bestehenden Gattung vor. Der Moor-Birkenpilz kann mit dem normalerweise größeren und intensiver gefärbten Birkenpilz (*Leccinum scabrum*) verwechselt werden, dessen Fleisch sich jedoch nicht verfärbt.

Speisewert: Der Moor-Birkenpilz ist wie alle Rauhfußröhrlinge eßbar.

Gemeiner Birkenpilz
Leccinum scabrum (Bull.: Fr.) S. F. Gray

Synonyme: –

D: Gemeiner Birkenpilz, Birkenröhrling, Kapuziner. E: Birch scaberstalk. F: Bolet scabre. I: Porcinello.

Hut 5–15 cm, grau bis graubraun. Röhren schmutzigweiß, okker bis rötlich verfärbend. Stiel weiß bis olivbräunlich, mit dunkelbraunen oder schwärzlichen Flocken bedeckt. Fleisch sehr weich, weiß, nicht verfärbend. Bei Birken.

Verwechslungsmöglichkeiten: Birkenröhrlinge können mit den zur selben Gattung gehörenden Rotkappen verwechselt werden. Die Heide-Rotkappe (*Leccinum versipelle*) z. B. hat im Gegensatz zum Birkenröhrling eine über den Hutrand hinaushängende Huthaut, das Fleisch verfärbt sich im Schnitt grau bis blaugrün. Auch das Fleisch des kleinen, weißlichen Moor-Birkenpilzes (*Leccinum niveum*) verfärbt sich im Schnitt blaugrünlich, wodurch dieser Röhrling von kleinen helleren Formen des Birkenpilzes mit unverändertem Fleisch gut unterschieden werden kann. In Mischwäldern, in denen die symbiontischen Rauhfußröhrlinge nicht eindeutig einem Baumpartner zugeordnet werden können, kann es auch zu Verwechslungen mit anderen Rotkappen kommen, die z. B. mit Pappeln oder Eichen vergesellschaftet sind. Da alle Rauhfußröhrlinge eßbar sind, ist es für den Speisepilzsammler bedeutungslos, welche *Leccinum*-Art er gesammelt hat.

Speisewert: Der Birkenpilz ist wie alle anderen Rauhfußröhrlinge eßbar.

Heide-Rotkappe
Leccinum versipelle (Fr.) Snell

Synonyme: Leccinum testaceoscabrum (Fr.) Snell

D: Heide-Rotkappe. E: Birch scaberstalk. F: Bolet changeant. I: Porcinello a squame nere.

Hut bis 20 cm, orangebraun bis orangeocker, Huthaut über den Rand hinaushängend. Röhren grau. Stiel weißlich, mit von Jugend an schwärzlichen Flocken. Fleisch blaßgrau, im Schnitt grau bis blaugrün verfärbend. Geruch und Geschmack nicht auffallend. Bei Birken.

Verwechslungsmöglichkeiten: Heide-Rotkappen können vor allem in Mischwäldern mit anderen Rotkappen, zum Beispiel der bei Eichen wachsenden Eichen-Rotkappe (*Leccinum quercinum*), verwechselt werden. Da alle Rotkappen eßbar sind, bleiben derartige Verwechslungen ohne unangenehme Folgen.

Speisewert: Die Heide-Rotkappe ist wie alle Rotkappen eßbar.

Porphyrröhrling
Porphyrellus porphyrosporus (Fr.) Gilb.

Synonyme: Porphyrellus pseudoscaber (Secr.) Sing.

D: Porphyrröhrling, Düsterer Röhrling. E: Gloomy bolete, Porphyry bolete. F: Bolet faux scaber, Bolet à spores pourpres. I: Boleto a spore rosse.

Hut 5–15 cm, olivgrau bis dunkelbraun, leicht schmierig bis feinsamtig. Poren graugelb bis graubraun, auch rötlich fleckend. Stiel dem Hut gleichfarben, oft mit weißlicher Basis. Fleisch zuerst weiß, dann rötend, gilbend, grünend oder blauend. Geruch säuerlich, Geschmack säuerlich bis bitterlich. In Laub- und Nadelwäldern.

Verwechslungsmöglichkeiten: Aufgrund seines glatten Huts und Stiels ist der Porphyrröhrling gut vom schuppigen Strubbelkopfröhrling abzugrenzen, der ebenfalls sehr düstere Hutfarben aufweist. Ein hauptsächlich in Bergnadelwäldern vorkommender Porphyrröhrling, der fast schwarzbraun ist und dessen Fleisch rötet (*Porphyrellus pseudoscaber*), wurde mit *Porphyrellus porphyrosporus* synonymisiert, da Übergangsformen beobachtet wurden.

Speisewert: Der Porphyrröhrling wird nicht für Speisezwecke empfohlen.

Strubbelkopfröhrling
Strobilomyces strobilaceus (Scop.: Fr.)
Synonyme: Strobilomyces floccopus (Vahl.: Fr.) Karst.

D: Strubbelkopfröhrling. E: Old man of the woods. F: Bolet aa pied flocconeux, Bolet pomme de pin. I: Boleto squamato.

Hut 4–10 cm, graubraun bis schwärzlich mit dachziegeligen, filzigen Schuppen. Poren eckig, grau. Stiel dem Hut gleichfarben, mit einem grobfaserigen, aufsteigenden Ring. Fleisch grau, im Schnitt zuerst rötend, dann schwarz verfärbend. Geruch und Geschmack unangenehm. In Laub- und Mischwäldern.

Verwechslungsmöglichkeiten: Aufgrund seiner düsteren Farben und der groben Schuppen am Hut ist der Strubbelkopfröhrling leicht zu erkennen. Verwechslungen könnten mit dem Porphyrröhrling vorkommen, diesem fehlen jedoch die Schuppen.

Speisewert: Der Wert des Strubbelkopfröhrlings ist umstritten: Es sind zwar keine Vergiftungsfälle bekannt, doch handelt es sich aufgrund des unangenehmen Geruchs um einen minderwertigen Röhrling.

Kuhröhrling
Suillus bovinus (L.: Fr.) Roussel

Synonyme: Mariaena bovina (L.) Sutara

D: Kuhröhrling. E: Cow Slippery Jack. F: Bolet des bouviers, cépe des bouviers. I: Boleto bovino.

Hut bis 10 cm, ockerbraun bis rötlichbraun, klebrig. Poren weit, rostolivbraun, am Stiel leicht herablaufend. Stiel ockerlich, glatt, ohne Drüsenpunkte. Fleisch gelbbraun bis rosa. Geruch pilzlich banal, Geschmack mild. Vor allem unter Kiefern auf Sandböden, häufig.

Verwechslungsmöglichkeiten: Der Kuhröhrling hat wenig hervorstechende Merkmale und kann daher mit anderen Kiefernbegleitern verwechselt werden: Der Körnchenröhrling (*Suillus granulatus*) unterscheidet sich durch seine Drüsenpunkte am Stiel, der Sandröhrling (*Suillus variegatus*) durch den körnig-filzigen Hut.

Speisewert: Der Kuhröhrling ist ein mittelmäßiger, für Mischgerichte geeigneter Speisepilz.

Körnchenröhrling
Suillus granulatus (L.: Fr.) Roussel
Synonyme: Boletus granulatus L.: Fr.

D: Körnchenröhrling, Schmerling. *E:* Granulated bolete, Granulated slipper Jack. *F:* Bolet granulé, bolt de pin, cépe jaune de pins, cépe pleurier, fonge rous, nonett, pinade, salero. *I:* Boleto granulato, Pinarello.

Hut 3–10 cm, gelbbraun bis rotbraun, bei feuchter Witterung sehr schmierig. Poren gelb, winzig, bei jungen Pilzen tränend. Stiel blaßgelb, vor allem im oberen Teil mit Drüsenpunkten besetzt, die milchig-weiße, später gelbliche Guttationströpfchen bilden. Unter Kiefern auf Kalkböden, häufig.

Verwechslungsmöglichkeiten: Der Körnchenröhrling kann mit den beiden ebenfalls bei Kiefern vorkommenden Schmierröhrlingen, dem Butterpilz (*Suillus luteus*) und dem Kuhröhrling (*Suillus bovinus*) verwechselt werden. Der Butterpilz hat einen dunkelbraunen Hut und einen beringten Stiel, der Kuhröhrling hat keine Drüsenpunkte am Stiel.

Speisewert: Die schmierigen Körnchenröhrlinge sollten am besten ohne Huthaut verzehrt werden. Bei Verzehr größerer Mengen können Körnchenröhrlinge eine abführende Wirkung haben.

Goldröhrling
Suillus grevillei (Klotzsch.: Fr.) Sing.

Synonyme: Suillus elegans (Schum.) Snell

D: Goldröhrling. E: Tamarack Jack. F: Bolét jaune, cép des mélezes. I: Boleto elegante.

Hut 5–15 cm, schmierig-schleimig, goldgelb bis orange. Poren gelb, rötlich bei Verletzung. Stiel oberhalb des Rings feinnetzig, Ring weißlich, manchmal undeutlich. Fleisch gelb. Geruch unbedeutend, Geschmack mild. Bei Lärchen, häufig.

Verwechslungsmöglichkeiten: Der Goldröhrling wird oft für den ebenfalls eßbaren Butterpilz (*Suillus luteus*), einen Schmierröhrling, gehalten, der aber ein Kiefernbegleiter ist und sich außerdem durch die dunkelbraune Hutfarbe und den häutigeren, an der Unterseite violett überhauchten Ring unterscheidet. Weitere, an Lärchen gebundene Schmierröhrlinge mit Ring sind der Graue Lärchenröhrling (*Suillus viscidus*) und der Rostrote Lärchenröhrling (*Suillus tridentinus*).

Speisewert: Der Goldröhrling gilt als mittelmäßiger Speisepilz. Die gelatinöse Huthaut kann Verdauungsbeschwerden hervorrufen und sollte daher vor der Zubereitung abgezogen werden.

Butterpilz
Suillus luteus (L.: Fr.) Roussel
Synonyme: –

D: Butterpilz. E: Butter Slippery Jack. F: Bolet ou cépe jaune, cépe annulaire, nonette voilée, pinéde, pochecan. I: Boleto luteo.

Hut bis 15 cm, dunkelbraun, vom Schleimüberzug oft fleckig. Poren gelb. Stiel blaßgelb, vor allem im oberen Teil mit dunkleren Drüsenpunkten, unterhalb des oft violettlichen Rings rotbräunlich. Vor allem unter Kiefern auf Sandböden, relativ häufig.

Verwechslungsmöglichkeiten: Der Butterpilz gehört zu den beringten Schmierröhrlingen und könnte eventuell mit dem Goldröhrling (*Suillus grevillei*) verwechselt werden. Dieser Lärchenbegleiter hat goldgelbe Hutfarben und einen weniger häutigen Ring, der am Stiel oft nur als schleimige Ringzone zu erkennen ist. Der Körnchenröhrling (*Suillus granulatus*) kommt ebenfalls bei Kiefern vor, hat jedoch keinen Ring.

Speisewert: Der Genuß des früher als mäßiger Speisepilz eingeschätzten Butterröhrlings hat mehrfach zu starken allergischen Reaktionen geführt und kann daher nicht mehr empfohlen werden.

Elfenbeinröhrling
Suillus placidus (Bonord) Sing.

Synonyme: *Boletus fusipes* Heufl., *Boletus albus* Peck

D: Elfenbeinröhrling. E: Ivory Slippery Jack. F: Bolet agrèable. I: Boleto placido.

Hut 3–14 cm, elfenbeinweiß bis gelbbraun. Poren weiß bis gelblich. Stiel weißlich mit rötlichem Hauch, meist wurzelnd verjüngt, mit purpurbraunen bis schwärzlichen Punkten. Fleisch weißlich bis grauviolett. Geruch unbedeutend, Geschmack mild. Bei Zirben und Weymouthskiefern, nicht häufig.

Verwechslungsmöglichkeiten: Der Elfenbeinröhrling ist durch seine hellen Farben und durch das Vorkommen bei 5-nadeligen Kiefern charakterisiert. Ein weiterer Zirbenbegleiter ohne Ring ist der Braunhütige Zirbenröhrling (*Suillus plorans*). Der Beringte Zirbenröhrling (*Suillus sibiricus*) hat einen beringten Stiel und einen strohgelben bis braunen Hut mit braunen Flecken.

Speisewert: Der Elfenbeinröhrling ist ein guter Speisepilz, er sollte jedoch wegen seiner Seltenheit geschont werden.

Zirbenröhrling
Suillus plorans (Roll.) Sing.

Synonyme: Boletus plorans Roll., *Boletus cembrae* Studer

D: Zirbenröhrling. E: Pine Slippery Jack. F: Bolet larmoyant. I: Boletus plorans.

Hut 3–15 cm, gelbbraun bis schokoladenbraun. Poren blaßorange bis olivbraun. Stiel bräunlich mit rot- bis purpurbraunen Drüsenpunkten. Fleisch bräunlich. Geruch unbedeutend, Geschmack mild. Bei Zirben und Weymouthkiefern, nicht häufig.

Verwechslungsmöglichkeiten: Verwechslungen mit anderen Zirbenbegleitern können ausgeschlossen werden, wenn man auf das Vorhandensein oder Fehlen eines Rings und auf die Hutfarbe achtet: Der Zirbenröhrling unterscheidet sich durch seine dunklen Farben vom Elfenbeinröhrling (*Suillus placidus*). Der Beringte Zirbenröhrling (*Suillus sibiricus*) hat einen beringten Stiel.

Speisewert: Der Zirbenröhrling ist ein guter Speisepilz, er sollte jedoch wegen seiner Seltenheit geschont werden.

Beringter Zirbenröhrling
Suillus sibiricus Sing.

Synonyme: –

D: Beringter Zirbenröhrling. E: Siberian Slipper Jack. F: Bolet de Sibèrie. I: Boleto sibirico.

Hut 3–10 cm, strohgelb bis braun mit Flecken. Poren gelb. Stiel gelblich, Basis oft bräunlich, mit Drüsenpunkten, Ring weißlich. Fleisch strohgelb, leicht rötend. Geruch unbedeutend, Geschmack mild. Bei Zirben und Weymouthskiefern, nicht häufig.

Verwechslungsmöglichkeiten: Der Beringte Zirbenröhrling ist der einzige bei 5-nadeligen Kiefern vorkommende Schmierröhrling mit Ring.

Speisewert: Der Beringte Zirbenröhrling ist ein guter Speisepilz, er sollte jedoch wegen seiner Seltenheit geschont werden.

Rostroter Lärchenröhrling
Suillus tridentinus (Bres.) Sing.

Synonyme: Boletus tridentinus Bres.

D: Rostroter Lärchenröhrling. E: Trentinian Slipper Jack. F: Bolet tridentine. I: Boleto a pori aranci, Boleto tridentino.

Hut 3–10 cm, wenig schleimig, rostorange. Poren weit, orangerot. Stiel dem Hut gleichfarben, mit faseriger Ringzone. Fleisch gelblich bis rostocker. Geruch unbedeutend, Geschmack mild. Bei Lärchen auf kalkhaltigen Böden, im Gebirge häufig.

Verwechslungsmöglichkeiten: Der Rostrote Lärchenröhrling ist an seinen orangelichen Farben und an dem Ring am Stiel leicht zu erkennen. Weitere an Lärchen gebundene Schmierröhrlinge sind der Graue Lärchenröhrling (*Suillus viscidus*) und der Goldröhrling (*Suillus grevillei*).

Speisewert: Der Rostrote Lärchenröhrling gilt als mittelmäßiger Speisepilz.

Sandröhrling
Suillus variegatus (SW.: Fr.) Kuntze

Synonyme: Boletus variegatus Swartz

D: Sandröhrling. E: Sand Slippery Jack. F: Bolet tacheté, cépe tacheté, cépe á odeur de chlore, Bolet moucheté. I: Boleto variegato.

Hut bis 15 cm, schmutzig gelb bis olivocker, jung mit feinfilzigen Schüppchen bedeckt, wodurch er wie mit Sand bestreut aussieht, nur im Alter schmierig. Poren olivbraun, bei Berührung schwach blauend. Stiel gleichfarben, Oberfläche gemasert. Fleisch gelblich, schwach blauend. Geruch nach Chlor, Geschmack mild. Vor allem unter Kiefern, relativ häufig.

Verwechslungsmöglichkeiten: Der Sandröhrling wird aufgrund seines nur im Alter verschleimenden Huts oft nicht als Schmierröhrling erkannt. Verwechslungen können mit dem ebenfalls nur als mäßigen Speisepilz eingestuften Kuhröhrling (*Suillus bovinus*) vorkommen. Bei diesem haben auch die jungen Exemplare bereits einen glatten, schleimigen Hut. Außerdem kann der Sandröhrling mit dem Zirbenröhrling (*Suillus plorans*) verwechselt werden. Dieser schützenswerte Zirbenbegleiter kann durch seine Drüsenpunkte am Stiel vom Sandröhrling unterschieden werden.

Speisewert: Der Sandröhrling ist ein mittelmäßiger, höchstens für Mischgerichte geeigneter Speisepilz. Da die Hüte mit dem Alter an Festigkeit verlieren, sollten nur junge Fruchtkörper verwendet werden.

Grauer Lärchenröhrling
Suillus viscidus (Fr. & Hök) S. Rauschert

Synonyme: Suillus laricinus (Berk.) O. Kuntze, *Suillus aeruginascens* (Secr.) Snell.

D: Grauer Lärchenröhrling. E: Grey Larch Slippery Jack. F: Bolet visquex. I: Boleto viscido.

Hut 3–10 cm, schmierig-schleimig, grau bis olivgrau. Poren jung grau, später olivgrau, Stiel dem Hut gleichfarben, Ring weißlich, häutig, manchmal im Alter undeutlich. Fleisch weißlich. Geruch unbedeutend, Geschmack mild. Bei Lärchen auf kalkhaltigen Böden, im Gebirge häufig.

Verwechslungsmöglichkeiten: Der Graue Lärchenröhrling ist an seinen grauen Farben und an dem Ring am Stiel leicht zu erkennen. Ebenfalls an Lärchen gebundene Schmierröhrlinge sind der Rostrote Lärchenröhrling (*Suillus tridentinus*) und der Goldröhrling (*Suillus grevillei*).

Speisewert: Der Graue Lärchenröhrling gilt als mittelmäßiger Speisepilz.

Gallenröhrling
Tylopilus felleus (Bull.: Fr.) Karst.
Synonyme: Boletus felleus Bull.

D: Gallenröhrling, Bitterröhrling. E: Bitter boletus. F: Bolet amer, bolet fiel, bolet ou cépe chicotin, fauxe cépe. I: Boleto di fiele.

Hut 5–15 cm, hellbraun, olivbraun. Poren erst weiß, dann rosa, im Alter rotbraun, polsterförmig unter dem Hutrand hervorstehend. Stiel unterhalb des Rings dem Hut gleichfarbig, auf der ganzen Länge von einem grobmaschigen Netz überzogen. Fleisch weiß, geruchlos. Geschmack sehr bitter. In Laub- und Nadelwäldern, häufig.

Verwechslungsmöglichkeiten: Der bittere Gallenröhrling wird häufig mit jungen Steinpilzen verwechselt. Der Gallenröhrling hat jedoch bald rosarote Poren, während jene der Steinpilze olivgrün verfärben. Junge Fruchtkörper des Gallenröhrlings kann man aufgrund der olivgelben Stielfarbe und des groben, den gesamten Stiel überziehenden Stielnetzes erkennen. Bei den Steinpilzen beschränkt sich das Netz auf die obere Stielhälfte. Im Zweifelsfall kann eine winzige Kostprobe sofort Klarheit verschaffen.

Speisewert: Der Gallenröhrling ist aufgrund seiner Bitterkeit nicht genießbar. Nur ein einziger kleiner Fruchtkörper genügt, um ein ganzes Pilzgericht zu verderben. Die Bitterkeit verliert sich beim Kochen nicht. Früher wurde dieser ansonsten ungiftige Pilz gelegentlich als Enzianersatz in Schnäpsen verwendet.

Maronenröhrling
Xerocomus badius (Fr.) Kühn ex Gilb.

Synonyme: Boletus badius (Fr.) Fr.

D: Maronenröhrling. E: Bay bolete. F: Bolet bai, cépe bai, cépe des chataigniers. I: Boleto badio.

Hut bis zu 15 cm, kastanienbraun, Oberfläche fein filzig bis schmierig. Poren klein, jung weißlich, dann olivgelb, bei Berührung blauend. Stiel zur Basis verjüngt, auf hellerem Untergrund rotbraun gemasert. Fleisch weißlich bis gelb, stark blauend. Geruch und Geschmack angenehm. In Laub- und Nadelwäldern, sehr häufig.

Verwechslungsmöglichkeiten: Der Maronenröhrling wird häufig für einen Steinpilz (*Boletus edulis*) gehalten. Letzterer hat jedoch ein Netz am keulig verdickten Stiel und verfärbt sich im Schnitt nicht blau. Andere Filzröhrlinge wie die Ziegenlippe (*Xerocomus subtomentosus*) und der Braune Filzröhrling (*Xerocomus spadiceus*) sind heller, haben weitere Poren und blauen nur schwach.

Speisewert: Der Maronenröhrling ist ein sehr guter Speisepilz, der in den Fruchtkörpern jedoch außergewöhnlich hohe Konzentrationen radioaktiven Caesiums anreichern kann. Daher sollten Maronenröhrlinge vorsichtshalber nicht oder nur in geringen Mengen verspeist werden.

Rotfußröhrling
Xerocomus chrysenteron (Bull. ex St. Amans) Quél.

Synonyme: Boletus chryenteron Bull.

D: Rotfußröhrling. E: Cracked-cap bolete. F: Bolet á chair jaune, cépe á pied rouge. I: Boleto a piede rosso.

Hut 5–10 cm, Farbe sehr variabel von grau, olivlich bis bräunlich, sehr bald mit felderig aufreißender Hutoberfläche, an den Rissen tritt die rote Farbe des Hutfleisches zutage. Auch Fraßstellen verfärben sich rötlich. Poren trübgelb, auf Druck leicht blauend. Stiel schlank, auf gelblichem Grund vor allem an der Basis rötlich überfärbt. Fleisch gelblich, im Schnitt leicht blauend. Geruch unbedeutend, Geschmack leicht säuerlich.

Verwechslungsmöglichkeiten: Der Rotfußröhrling kann mit der ebenfalls eßbaren Ziegenlippe (*Xerocomus subtomentosus*) verwechselt werden. Dieser meist nicht blauende Pilz unterscheidet sich durch den nicht felderig aufreißenden Hut, die Poren sind leuchtendgelb. Der seltene Falsche Rotfußröhrling (*Xerocomus porosporus* Imler) ist ebenfalls eßbar und unterscheidet sich durch die Tendenz, grünlich-grau zu verfärben. Der eßbare Blutrote Röhrling (*Xerocomus rubellus* [Krombh.] Quél.) ist rothütigen Formen des Rotfußröhrlings sehr ähnlich, die Huthaut reißt jedoch nicht felderig rissig auf.

Speisewert: Dieser mittelmäßige Speisepilz wird aufgrund seines säuerlichen Geschmacks von vielen Pilzsammlern abgelehnt.

Schmarotzerröhrling
Xerocomus parasiticus (Bull.: Fr.) Quél.

Synonyme: Boletus parasiticus Bull.: Fr.

D: Schmarotzerröhrling. E: Parasite Bolete. F: Bolet parasite. I: Boleto parassita.

Hut bis zu 8 cm, gelbbraun bis olivbraun, wildlederartig filzig, Huthaut gern felderig rissig aufbrechend. Poren ockergelb. Stiel schmutziggelb. Fleisch weiß bis zitronengelb, nicht blauend. Geruch unauffällig, Geschmack mild. Auf Kartoffelbovisten (z. B. *Scleroderma citrinum* Pers.) parasitierend.

Verwechslungsmöglichkeiten: Wenn man nicht auf die im Boden leicht eingesenkt wachsenden Kartoffelboviste achtet, auf denen der Schmarotzerröhrling parasitiert, könnte man diesen Pilz leicht mit dem Rotfußröhrling (*Xerocomus chrysenteron*) verwechseln. Dieser hat allerdings immer rötliche Töne am Stiel und unter der Huthaut. Auch der Braune Filzröhrling (*Xerocomus spadiceus* Fr.) sieht dem Schmarotzerröhrling ähnlich, er hat jedoch rotbräunliche Hutfarben, ein feines Netz am Stiel und eine blaugrüne Reaktion der Huthaut mit Ammoniak.

Speisewert: Der Schmarotzerröhrling gilt als eßbar, ist aber nicht sehr schmackhaft.

Ziegenlippe
Xerocomus subtomentosus (L.: Fr.) Quél.

Synonyme: Boletus subtomentosus L.: Fr.

D: Ziegenlippe. E: Borin brown bolete. F: Bolet subtomenteux, cépe mou. I: Boleto vellutato.

Hut 6–12 cm, gelboliv bis braunoliv, filzig, nicht felderig rissig aufreißend. Poren weit, lebhaft gelb. Stiel zylindrisch oder nach unten verjüngt, gelblich, zum Teil bräunlich überhaucht. Fleisch weiß bis gelblich, nicht oder wenig blauend. Geruch und Geschmack angenehm pilzartig. In Laub- und Nadelwäldern, verbreitet.

Verwechslungsmöglichkeiten: Die Ziegenlippe wird häufig mit dem Braunen Filzröhrling (*Xerocomus spadiceus* Fr.) oder mit dem Maronenröhrling (*Xerocomus badius*) verwechselt. Der Braune Filzröhrling hat keine olivlichen, sondern mehr rötlichbraune Farben im Hut, der cremegelbe Stiel trägt häufig ein undeutliches, langgezogenes Netzmuster, die Huthaut reagiert mit Ammoniak deutlich und intensiv blau oder blaugrün. Der Maronenröhrling ist kastanienbraun mit klebrigem Hut und stark blauendem Fleisch. Weiters können Verwechslungen mit blassen Formen des Rotfußröhrlings (*Xerocomus chrysenteron*) vorkommen. Dieser hat jedoch immer einen felderig aufreißenden Hut, das dabei zum Vorschein kommende Hutfleisch ist typischerweise immer rot; auch der Stiel weist zumindest an der Basis stets rote Farbtöne auf. Der Geschmack ist, im Gegensatz zur milden Ziegenlippe, säuerlich.

Speisewert: Die Ziegenlippe ist ein mäßiger Speisepilz.

Pilzbeschreibungen

Blätterpilze
mit weißen bis gelben, splitternden oder milchenden Lamellen:
Täublinge und Milchlinge

Rosaverfärbender Milchling
Lactarius acris (Bolt.: Fr.) S. F. Gray

Synonyme: –

D: Rosaverfärbender Milchling, Schmieriger Korallen-Milchling. E: Coral milkcap. F: Lactaire âcre. I: Lattario corallo.

Hut 3–8 cm, grau bis hell milchkaffeefarben, schmierig. Lamellen ocker. Stiel dem Hut gleichfarben oder blasser. Fleisch weiß, rasch rosarot verfärbend. Milch sofort rosa verfärbend. Geruch unbedeutend, Geschmack scharf. In Buchenwäldern auf Kalk.

Verwechslungsmöglichkeiten: Der Rosaverfärbende Milchling kann eventuell mit anderen Milchlingen, deren Milch sich rosa verfärbt, verwechselt werden: Der Flügelsporige Milchling (*Lactarius pterosporus* Romagn.) hat dunklere, beigegraue runzelige Hüte und eine Milch, die an einem weißen Papiertaschentuch weiß bleibt; nur das Fleisch verfärbt langsam rötlich.

Speisewert: Der Rosaverfärbende Milchling ist ungenießbar.

Echter Reizker
Lactarius deliciosus (L.: Fr.) S. F. Gray

Synonyme: Lactarius pinicola (Smotl.) Z. Schaefer

D: Echter Reizker, Orangefuchsiger Edelreizker, Edelreizker. E: Saffron milkcap. F: Lactaire delicieux, barigoula.
I: Lattario delizioso, Lapacendro buono.

Hut orangeocker bis ziegelrötlich, deutlich gezont, feucht schmierig. Lamellen orangeocker, gedrängt. Stiel dem Hut gleichfarbig, bisweilen mit dunkleren grubenartigen Flecken, hohl werdend. Fleisch orangeocker, Milch karottenrot und lang so bleibend. Geruch unauffällig, Geschmack mild. Bei Kiefern.

Verwechslungsmöglichkeiten: Es gibt einige Reizker mit karottenroter Milch, die jedoch alle genießbar sind: Der Fichtenreizker (*Lactarius deterrimus*) hat einen weniger gezonten, blasseren Hut mit deutlichen grünspanartigen Flecken und kommt hauptsächlich bei Fichten vor. Er schmeckt bitterlich. Der Tannenreizker (*Lactarius salmonicolor* Heim & Leclair) hat lachsfarbene Fruchtkörper und kommt nur bei Tannen vor. Der Blutreizker (*Lactarius sanguifluus* [Paul.] Fr.) hat eine wein- bis blutrote Milch und einen vollen Stiel.

Speisewert: Der Echte Reizker ist ein ausgezeichneter Speisepilz, der vor allem gut geröstet oder gebraten schmeckt.

Fichtenreizker
Lactarius deterrimus Gröger

Synonyme: –

D: Fichtenreizker. E: Spruce milkcap. F: Lactaire très mauvais. I: Lappacendro del peccio, Lattario del peccio.

Hut 5–15 cm, orange, deutlich gezont, oft mit grünspanartigen Flecken, oft ist auch nahezu der ganze Pilz grün, schmierig, wenn feucht. Lamellen orange, gedrängt, mit grünen Flecken. Stiel dem Hut gleichfarbig, mit grünen Flecken, hohl werdend. Fleisch orangeocker, Milch karottenrot und nach 10–15 Minuten rot verfärbend. Geruch unauffällig, Geschmack bitterlich. Bei Fichten.

Verwechslungsmöglichkeiten: Alle Reizker mit karottenroter Milch sind genießbar. Verwechslungen können mit dem lachsfarbenen Tannenreizker (*Lactarius salmonicolor* Heim & Leclair) vorkommen, der jedoch nur bei Tannen wächst und kaum grüne Flecken aufweist. Auch der Echte Reizker ist sehr ähnlich, dieser kommt bei Kiefern vor, ist gezont und hat eine unveränderliche Milch. Ein sehr ähnlicher, an Lärchen gebundener Milchling, allerdings mit weißer Milch, ist der Lärchenmilchling (*Lactarius porninsis* Roll.).

Speisewert: Der Fichtenreizker ist in gebratenem Zustand ein guter Speisepilz.

Pechschwarzer Milchling
Lactarius picinus Fr.
Synonyme: –

D: *Pechschwarzer Milchling.* E: *Sooty milkcap.* F: *Lactaire couleus de poix.* I: *Lattario a cappello nero.*

Hut 3–8 cm, dunkelbraun bis schwarzbraun, ohne Papille. Lamellen blaßcreme. Stiel dem Hut gleichfarben, aber an der Spitze und an der Basis heller. Fleisch ockerlich. Milch weiß, unveränderlich. Geruch unbedeutend, Geschmack scharf. In Nadelwäldern, verbreitet.

Verwechslungsmöglichkeiten: Der Pechschwarze Milchling ist dem Mohrenkopf (*Lactarius lignyotus* Fr.) sehr ähnlich, der eine runzelige Stielspitze, eine Papille in Hutmitte und einen milden Geschmack aufweist.

Speisewert: Der Pechschwarze Milchling und der Mohrenkopf sind gute Speisepilze.

Pfeffermilchling
Lactarius piperatus (Fr.) S. F. Gray
Synonyme: –

D: Pfeffermilchling. E: Pepper milkcap. F: Lactaire poivré, Lactaire des charbonniers, aburon. I: Lattario pepato.

Hut 5–20 cm, weiß, mit ockerlichen Flecken, kahl. Lamellen gedrängt, weiß. Stiel weiß. Fleisch weiß, unverändert. Milch weiß, unverändert, sehr scharf. Geruch banal. Geschmack scharf. In Nadel- und Laubwäldern.

Verwechslungsmöglichkeiten: Der Pfeffermilchling kann mit anderen weißen Milchlingen, wie mit dem Wolligen Milchling (*Lactarius vellereus* [Fr.]), verwechselt werden; letzterer hat eine wollige Hutoberfläche und entfernte Lamellen.

Speisewert: Der Pfeffermilchling ist sehr scharf und wird daher nicht als Speisepilz verwendet.

Rotbrauner Milchling
Lactarius rufus (Scop.: Fr.) Fr.
Synonyme: –

D: Rotbrauner Milchling, Paprikapilz. E: Redhot milkcap. F: Lactaire roux. I: Lapacendro rosso.

Hut 3–10 cm, oft mit niedrigem Buckel oder Papille, rotbraun, matt und glanzlos, oft bereift. Lamellen creme. Stiel dem Hut gleichfarben oder blasser. Fleisch weiß. Milch weiß, nicht verfärbend. Geruch unbedeutend bis harzig, Geschmack sehr scharf, oft aber erst nach Sekunden. In Nadelwäldern auf sauren Böden, häufig.

Verwechslungsmöglichkeiten: Der Rotbraune Milchling kann mit anderen rotbraunen Milchlingen verwechselt werden. Charakteristisch sind die matten, rotbraunen Hüte in Verbindung mit einer Papille und der scharfe Geschmack.

Speisewert: Der Rotbraune Milchling ist aufgrund seines scharfen Geschmacks ungenießbar. Er wird jedoch in Finnland nach spezieller Zubereitung (gewässerte Pilze 10 Minuten in viel Wasser kochen und dann abbraten) gern gegessen.

Grubiger Milchling
Lactarius scrobiculatus (Scop.: Fr.) Fr.

Synonyme: –

D: Grubiger Milchling, Gelber Erdschieber. E: Scrobiculate milkcap, Spotstalk. F: Lactaire á fossettes. I: Lattario butterato.

Hut 10–25 cm, lebhaft gelb bis ockerlich, deutlich gezont, mit zottig behaartem, eingerolltem Hutrand. Lamellen creme bis gelb. Stiel kurz und stämmig, hell, mit gelben grubenartigen Einsenkungen. Fleisch weiß, im Schnitt von der gilbenden Milch rasch zitronengelb verfärbt. Milch weiß, rasch zitronengelb verfärbend. Geruch banal. Geschmack scharf. In Nadelwäldern auf Kalkuntergrund, häufig.

Verwechslungsmöglichkeiten: Der Grubige Milchling kann mit dem Fransenmilchling (*Lactarius citriolens* Pouz.) verwechselt werden, der etwas blassere Hüte, eine glatte Stieloberfläche und einen Geruch nach Pelargonium oder alten Zitronen aufweist.

Speisewert: Der Grubige Milchling ist aufgrund seines scharfen Geschmacks nicht genießbar.

Birkenreizker
Lactarius torminosus (Schaeff.: Fr.) Pers.
Synonyme: –

D: Birkenreizker. E: Powderpuff milkcap. F: Lactaire á toison, calalos. I: Peveraccio delle coloche, Lattario torminoso.

Hut fleischrötlich mit kreisförmigen, dunkleren Zonen. Rand lang eingerollt, zottig, alt verkahlend. Lamellen creme mit rosa Ton. Stiel heller als der Hut. Fleisch weiß, Milch weiß, nicht verfärbend. Geruch säuerlich, Geschmack sehr scharf. Bei Birken.

Verwechslungsmöglichkeiten: Ein ähnlicher Milchling mit ebenfalls zottiger Hutoberfläche ist der Moormilchling (*Lactarius pubescens* Fr.), dessen kleinere Fruchtkörper jedoch weißlich oder nur sehr blaßrosafarben sind. Der Echte Reizker (*Lactarius deliciosus*) unterscheidet sich durch seine karottenfarbene Milch und durch die glatte, nicht zottig behaarte Hutoberfläche.

Speisewert: Der Birkenreizker ruft Verdauungsstörungen hervor, er wird jedoch in Finnland nach besonderer Zubereitung verzehrt.

Brätling
Lactarius volemus (Fr.) Fr.

Synonyme: Lactarius lactifluus (Schaeff.) Quél.

D: Brätling, Milchbrätling, Birnenmilchling. E: Best milkcap. F: Lactaire grosse poire, vache. I: Lattario a lattice abbondante.

Hut 5–10 cm, ockerbraun, rotbraun. Lamellen gelblich bis bräunlich. Stiel dem Hut gleichfarben. Fleisch blaß, an der Luft bräunend. Milch reichlich, weiß, braun fleckend. Geruch süßlich, bei reifen Fruchtkörpern heringsartig. Geschmack mild. In Nadel- und Laubwäldern.

Verwechslungsmöglichkeiten: Der Brätling ist durch seine Farben, den typischen Geruch und die reichliche, langsam bräunende Milch gut charakterisiert. Verwechslungen sind mit anderen Milchlingen denkbar, sie lassen sich aber durch eine Kostprobe ausschließen.

Speisewert: Der Brätling ist ein guter Speisepilz.

Frauentäubling
Russula cyanoxantha (Schaeff.) Fr.

Synonyme: –

D: Frauentäubling, Bunter Täubling. E: Variegated Russula. F: Russula cyanoxanthe, Russula bleu e jaune. I: Colombina maggiore.

Hut 4–15 cm, in den Farben sehr variabel, von sattviolett, violettgrau bis olivlich und grün. Lamellen dicklich, ausnahmsweise nicht spröde wie bei den anderen Täublingen, sondern elastisch und beim Darüberstreichen nicht splitternd. Stiel weiß oder rötlich überhaucht. Fleisch weiß. Geruch unbedeutend, Geschmack angenehm nußartig. In Laub- und Nadelwäldern.

Verwechslungsmöglichkeiten: Der Frauentäubling kann an seinen nicht splitternden, weißen Lamellen und an seinem milden Geschmack gut erkannt werden. Weiche Lamellen und ein mildes Fleisch weist ansonsten nur der ebenfalls sehr schmackhafte, aber deutlich fleischrote Speisetäubling auf.

Speisewert: Der Frauentäubling ist ein ausgezeichneter Speisepilz, der – wie alle milden Täublinge – gebraten vorzüglich schmeckt.

Speitäubling
Russula emetica (Schaeff.: Fr.) Pers.

Synonyme: –

D: Speitäubling. E: Sickener. F: Russule émétique, panarole rouge. I: Colombina rossa.

Hut 3–8 cm, lebhaft kirschrot. Lamellen weiß. Stiel rein weiß. Fleisch weiß. Geruch obstartig, Geschmack sehr scharf. In Nadelwäldern.

Verwechslungsmöglichkeiten: Der Speitäubling ist ein relativ kleiner Täubling mit weißen Lamellen und kirschrotem Hut. Er kann mit anderen roten Täublingen verwechselt werden, die sich z. B. durch rote Farbtöne am Stiel und/oder durch cremeockerfarbene Lamellen unterscheiden.

Speisewert: Dieser äußerst scharfe Täubling ist ungenießbar.

Brauner Ledertäubling
Russula integra (L.) Fr.

Synonyme: *Russula polychroma* Singer

D: Brauner Ledertäubling. E: Brown leather bricklegill. F: Russule intégre ou entiére, rougillon batard. I: Russola integra.

Hut 5–12 cm, rötlichbraun, olivbraun, oft etwas kupferfarben, glänzend. Lamellen satt ockergelb. Stiel weiß. Fleisch weiß, Geruch unauffällig, Geschmack mild. In montanen Nadelwäldern, häufig.

Verwechslungsmöglichkeiten: Der Braune Ledertäubling kann mit dem Scharfen Brauntäubling (*Russula adulterina* Fr.) verwechselt werden, der scharf schmeckt und etwas hellere Hut- und Lamellenfarben aufweist. Der brennendscharfe Zedernholztäubling (*Russula badia* Quél.) hat mehr rötlichbraune Hüte und oft rote Flecken am Stiel.

Speisewert: Der Braune Ledertäubling ist eßbar.

Mandeltäubling
Russula laurocerasi Melzer
Synonyme: –

D: Mandeltäubling. E: Almond bricklegill. F: Russule à odour de Laurier-Cerise. I: Russola laurocerasi.

Hut 5–10 cm, gelbbraun, orangebraun, matt, mit deutlich kammartig gerieftem Hutrand. Lamellen weiß bis rostfleckig. Stiel weiß, Basis oft rostfleckig. Fleisch weiß. Geruch stark nach Mandeln, Geschmack unangenehm.

Verwechslungsmöglichkeiten: Der Mandeltäubling kann mit anderen Kammtäublingen verwechselt werden: Der Stinktäubling (*Russula foetens* Pers.) ist größer und riecht unangenehm, süßlich widerwärtig. Der Morsetäubling (*Russula illota* Romagn.) hat schwarzbraun punktierte Lamellenschneiden.

Speisewert: Der Mandeltäubling ist ungenießbar.

Dickblättriger Schwarztäubling
Russula nigricans Fr.
Synonyme: –

D: Dickblättriger Schwarztäubling. E: Blackening Russula. F: Russula noirissante. I: Russola annerente.

Hut 10–20 cm, bald verflachend, jung weißlich, dann rauchbraun bis schwärzlich. Lamellen dick und entfernt. Stiel anfangs weißlich, dann rauchbraun. Fleisch rasch rötend, dann allmählich schwärzend. Geruch unauffällig, Geschmack mild. In Nadel- und Laubwäldern, häufig.

Verwechslungsmöglichkeiten: Der Dickblättrige Schwarztäubling unterscheidet sich von anderen Schwarztäublingen durch seine typischen, auffällig dicken Lamellen. Der Dichtblättrige Schwarztäubling (*Russula densifolia* Gill.) hat im Gegensatz dazu sehr engstehende Lamellen. Der Scharfblättrige Schwarztäubling (*Russula acrifolia* Romagn.) hat engstehende Lamellen, die scharf schmecken, und einen schmierigen Hut. Beim Menthol-Schwarztäubling (*Russula albonigra* [Krombh.] Fr.) schwärzt das Fleisch direkt, ohne vorher zu röten, außerdem riechen die Fruchtkörper dieser Art leicht nach Minze.

Speisewert: Der Dickblättrige Schwarztäubling ist wie die anderen Schwarztäublinge jung eßbar.

Apfeltäubling
Russula paludosa Britz.

Synonyme: –

D: Apfeltäubling. E: Apple bricklegill. F: Russule des marais. I: Russola paludosa.

Hut 5–15 cm, apfelrot, purpurrot, glänzend. Lamellen entferntstehend, cremeocker. Stiel weiß oder rötlich überhaucht. Fleisch weiß, eventuell leicht grau werdend. Geruch unauffällig, Geschmack mild. In Nadelwäldern, oft an moorigen Standorten, häufig.

Verwechslungsmöglichkeiten: Der Apfeltäubling kann mit anderen rothütigen Täublingen verwechselt werden: Der Ziegelrote Täubling (*Russula velenoskyi* Melzer & Zvára) hat mehr ziegelrotbraune Farben, bald glanzlose Hüte und kommt in Laubwäldern vor.

Speisewert: Der Apfeltäubling ist eßbar.

Grünfelderiger Täubling
Russula virescens (Schaeff.) Fr.

Synonyme: –

D: Grünfelderiger Täubling. E: Green brittlegill. F: Russula verdoyante, palomet, verdet. I: Russola virescens.

Hut 5–15 cm, spangrün, graugrün, auffallend felderig rissig. Lamellen creme. Stiel weiß, alt eventuell mit rostfarbenen Flekken. Geruch unauffällig, Geschmack mild. In Laub- und Nadelwäldern, häufig.

Verwechslungsmöglichkeiten: Beim Verzehr von grünen Täublingen sollte man unbedingt darauf achten, diese nicht mit dem Grünen Knollenblätterpilz (*Amanita phalloides*) zu verwechseln, der ähnliche Hutfarben aufweist. Dieser tödlich giftige Pilz kann durch einen Blick auf Lamellen und Stiel eindeutig von allen Täublingen mit grünen Farben unterschieden werden: Der Grüne Knollenblätterpilz hat einen Ring, einen knolligen Stiel und freie weiße Lamellen. Der Grünfelderige Täubling kann mit anderen grünen Täublingen verwechselt werden: Der ebenfalls eßbare Rissighütige Frauentäubling (*Russula cutefracta* Cke.) hat dunkler grüne bis olivgrüne Hüte mit einer leicht violettlichen Farbe unter der Huthaut. Der Grüne Speisetäubling (*Russula heterophylla* [Fr.] Fr.) hat glänzende, niemals felderig-rissige Hüte. *Russula olivascens* (Pers.: Schwein.) Fr. hat ebenfalls olivgrüne, nicht felderig-rissige Hüte. Bei diesem Speisepilz sind jedoch die Lamellen sattgelb.

Speisewert: Der Grünfelderige Täubling ist ein sehr guter Speisepilz.

Nadelwald-Heringstäubling
Russula xerampelina (Schaeff.) Fr.

Synonyme: Russula erythropoda Pelt.

D: Nadelwald-Heringstäubling. E: Dark red bricklegill, Shrimp mushroom. F: Russule feuille morte, bise rouge. I: Russola xerampelina.

Hut 4–10 cm, dunkel weinrot, Rand etwas heller und dunkel karminrot. Lamellen ocker bis gelbbraun im Alter. Stiel runzelig, karminrot wie der Hut, an der Basis rostbraun, vor allem die Stielbasis verfärbt sich bei Berührung langsam ockerlich. Geruch von älteren Fruchtkörpern nach Hering oder Krebsen. Geschmack mild. In Nadelwäldern, häufig.

Verwechslungsmöglichkeiten: Der Nadelwald-Heringstäubling kann mit anderen, ebenfalls eßbaren Heringstäublingen verwechselt werden. Heringstäublinge kann man leicht an ihrem typischen Heringsgeruch, der sich allerdings erst nach einigen Stunden entfalten kann, sowie am ockerlichen Verfärben des milden Fleisches erkennen. Vorsicht ist insofern geboten, als auch andere alte, verdorbene Pilze nach Fisch riechen können.

Speisewert: Der Nadelwald-Heringstäubling ist eßbar, der unangenehme Geruch verschwindet beim Kochen.

Pilzbeschreibungen

Blätterpilze
mit weißen bis gelben, freien Lamellen

Gelber Wulstling
Amanita citrina (Schaeff.) Pers.
Synonyme: Amanita mappa (Batsch) Quél.

D: Gelber Wulstling, Gelber Knollenblätterpilz. E: Delicate amanita, Napkin amanita, False death cap. F: Amanite citrine, Amanite sulfurine. I: Agarico citrino, tignosa paglierina, tignosa gialla.

Hut 5–10 cm breit, bald ausgebreitet, zitronengelb (weiß bei der Varietät *alba* Price), Rand nicht oder nur ganz außen 1–2 mm etwas gekerbt-gerieft. Hutoberfläche glatt, bedeckt mit weißlichen oder blaßockerlichen Hüllresten (Velum), die leicht abgewischt oder durch Regen abgewaschen werden können. Lamellen frei, gedrängt, weiß bis cremefarben. Sporenstaub weiß. Stiel 6–12 cm lang und 0,8–1,5 cm dick mit auffallend dicker (4–5 cm), kugeliger Knolle, gelblich. Ring hängend. Knolle auffallend weich, von einer Scheide umgeben, die nach oben am simsartig vom Stiel abstehenden Knollenteil eine scharfe Kante bildet. Volva oft wie eine Eischale zerbrechend im Boden bleibend. Fleisch weiß. Geruch nach rohen Kartoffeln, Geschmack unangenehm. In Nadel- und Laubwäldern auf sauren Böden, häufig.

Verwechslungsmöglichkeiten: Der Gelbe Wulstling kann mit den hochgiftigen Knollenblätterpilzen verwechselt werden. Untypische Formen des Grünen Knollenblätterpilzes (*Amanita phalloides*) können einen etwas gelblicheren Ton aufweisen. Der Gelbe Wulstling riecht jedoch deutlich nach rohen Kartoffeln, wohingegen die Knollenblätterpilze zuerst einen undeutlichen, dann einen widerlich süßlichen Geruch aufweisen. Der ebenfalls gif-

tige Narzissengelbe Wulstling (*Amanita gemmata* [Fr.] Bertilloni) kann trotz großer Ähnlichkeiten gut vom Gelben Wulstling unterschieden werden: Er hat einen stark gerieften Hutrand, der Hut ist gelb und die Stielknolle nicht so dick. Der Porphyrwulstling *(Amanita porphyria* [Alb. & Schwein.: Fr.] Mladęy) ist der beschriebenen Art ebenfalls ähnlich: Er unterscheidet sich durch einen grauen Ring und durch die graubraunen Hutfarben, die mit einem Porphyrton vermischt sind.

Speisewert: Der Gelbe Wulstling wird einerseits als mittelmäßiger Speisepilz angeführt, einige Autoren weisen jedoch darauf hin, daß *Amanita citrina* nicht nur roh, sondern auch gekocht noch giftverdächtige Substanzen enthält. Aufgrund der Verwechslungsmöglichkeiten mit den tödlich giftigen Knollenblätterpilzen wird heute allgemein von dem Genuß des Gelben Wulstlings abgeraten.

Orangebrauner Scheidenstreifling
Amanita crocea (Quél.) Sing.

Synonyme: –

D: Orangebrauner Scheidenstreifling. E: Orange-brown Amanita, Orange-brown Grisette. F: Amanite safran. I: Amanita crocea.

Hut 5–15 cm, gelblich-orange bis orangebraun, mit kammartig gerieftem Rand, meist ohne Velumreste. Lamellen frei, weiß. Stiel 10–20 cm lang, nur leicht keulig, Oberfläche gelblich-orangebraun und deutlich genattert, ohne Ring, Basis nicht oder nur leicht angeschwollen, mit außen weißer, rötlich gesprenkelter sackartiger Volva, die Innenseite der Volva ist gelblich. Fleisch weiß bis gelblich, Geruch und Geschmack unauffällig. In Nadel- und Laubwäldern, verbreitet.

Verwechslungsmöglichkeiten: Der Orangebraune Scheidenstreifling kann am ehesten mit dem Rotbraunen Scheidenstreifling (*Amanita fulva* Schaeff.: Pers.) verwechselt werden, der einen dunkler rotbraunen Hut und einen weniger deutlich genatterten Stiel hat.

Speisewert: Der Orangebraune Scheidenstreifling ist eßbar, aber in rohem Zustand unbekömmlich.

Fliegenpilz
Amanita muscaria (L.: Fr.) Hooker
Synonyme: –

D: Fliegenpilz, Roter Fliegenpilz. E: Fly agaric, Fly poison amanita, False orange. F: amanita tue mouche, fausse oronge, agaric moucheté. I: Amanita muscaria, Ovolo malefico, Ovolaccio, tignosa dorata, moscario, Ovolo maleficio rosso.

Hut bis zu 25 cm, rot oder orangerot mit abwischbaren weißen Flocken. Lamellen weiß oder bei alten Exemplaren leicht gelblich, frei, relativ eng. Stiel 15–20 cm, mit einem weißen hängenden Ring und einer Knolle, die Scheide ist als warzige bis girlandenartige weiße Zone an der Knolle ausgebildet. Fleisch weiß, nur unter der Huthaut gelb bis orange. Geruch und Geschmack unauffällig. Sehr weit verbreitet, in Nadel- und Laubwäldern.

Verwechslungsmöglichkeiten: Beim Sammeln von Bovisten oder Stäublingen kann es zu Verwechslungen mit ganz jungen, noch vollkommen vom Velum umgebenen Fliegenpilzen kommen. Beim Durchschneiden der Fruchtkörper sind bei den Fliegenpilzen die Lamellenansätze zu erkennen, außerdem erkennt man die gelbe oder orange Huthaut. In wärmebegünstigten Gegenden, in denen der als köstlicher Speisepilz geltende Kaiserling (*Amanita caesarea* [Scop.: Fr.] Pers.) wächst, können Verwechslungen mit dem Fliegenpilz vorkommen. Der gesuchte Kaiserling hat einen gelben Stiel und gelbe Lamellen und eine stark ausgeprägte häutig lappige Volva.

Speisewert: Der Fliegenpilz ist giftig.

Pantherpilz
Amanita pantherina (2DC.: Fr.) Krombholz
Synonyme: –

D: Pantherpilz. E: Panther, Panther cap. F: panthére, crapaudin gris, amanite panthére, fausse golomelle, fausse golomotte. I: tignosa bigia, tignosa rigata, tignosa bruna, amanita panterina, agarico panterino.

Hut 5–10 cm, bald ausgebreitet, braun, Hutrand auffallend gerieft-gekerbt. Oberfläche mit walzenförmigen oder schollenartigen weißen Schüppchen bedeckt. Lamellen frei, gedrängt, weiß bis cremefarben. Sporenstaub weiß. Stiel weiß, 5–12 cm lang und 1–2 cm dick, Basis mit stulpenartig abgestutzter Knolle – der Stiel scheint in diese Knolle wie eingepfropft zu sein. Ring hängend, mit fransig gezontem Rand, aber ohne ober- oder unterseitige Riefung. Fleisch weiß. Geruch leicht rettichartig, Geschmack süßlich. In Nadel- und Laubwäldern, häufig.

Verwechslungsmöglichkeiten: Mit dem giftigen Pantherpilz kann der eßbare Gedrungene Wulstling (*Amanita spissa*) verwechselt werden. Man kann den Gedrungenen Wulstling aufgrund des ungerieften Hutrands, des gerieften Rings und der allmählich in den Stiel übergehenden, nicht abrupt abgesetzten Knolle vom giftigen Pantherpilz unterscheiden. Auch bräunliche Formen des eßbaren Perlpilzes (*Amanita rubescens*) können mit dem Pantherpilz verwechselt werden. Dem Perlpilz fehlt der geriefte Hutrand, weiters ist bei ihm das Hutfleisch unter der abgezogenen Huthaut zumindest stellenweise fleischrosa überhaucht. Auch der ungiftige Porphyr-Wulstling (*Amanita*

porphyria) kann bei oberflächlicher Betrachtung mit dem Pantherpilz verwechselt werden. Der Porphyr-Wulstling unterscheidet sich neben den mehr rötlich-braunen Farben u. a. durch den grau gefärbten Ring.

Speisewert: Der giftige Pantherpilz hat durch seine leichte Verwechslungsmöglichkeit mit den eßbaren Wulstlingen, wie dem Perlpilz (*Amanita rubescens*) und dem Grauen oder Gedrungenen Wulstling (*Amanita spissa*), einen bedeutenden Anteil an den Pilzvergiftungen. Todesfälle sind selten. Die Giftwirkung ist auf die Inhaltsstoffe Ibotensäure und Muscimol zurückzuführen. Der Pantherpilz findet – wie der Fliegenpilz – als Freizeit- und Plauschdroge Verwendung. Die psychotrope Wirkung kann auch durch Rauchen der getrockneten Häute oder Pilzfruchtkörper erreicht werden.

Grüner Knollenblätterpilz
Amanita phalloides (Vaill.) Secr.

Synonyme: –

D: Knollenblätterpilz, Grüner Knollenblätterpilz, Grüner Giftwulstling, Grüner Mörder. E: Deathcap, Deadly amanita, Death angel. F: amanite phalloide, agaric bulbeux, oronge ciguet vert. I: Amanita falloide, Tignosa verdogna, Tignosa velenosa, funghi di cerza.

Hut bis 20 cm, mit verschiedenen gelbgrünen bis braungrünen Tönen, oft aber auch nur blaßgrün oder weißlich, meist ohne Velumreste, leicht schmierig. Lamellen weiß, frei, gedrängt. Stiel 10–20 cm hoch, meist gleichfarbig oder etwas heller als der Hut, mit genatterter Oberfläche; Ring weißlich, hängend; Knolle an der Stielbasis deutlich ausgebildet und von einer weißen, häutigen Scheide umgeben (die jedoch sehr häufig im Boden haftenbleibt). Fleisch von weißfarben, nur unter der Huthaut gelbgrünlich. Geruch widerlich süßlich. Geschmack (NICHT KOSTEN!).

Meist in Laubwäldern besonders bei Eichen, aber auch in Mischwäldern.

Verwechslungsmöglichkeiten: Typische Grüne Knollenblätterpilze können aufgrund der weißen freien Lamellen, des hängenden Rings und der Volva gut von anderen Pilzen mit grünlicher Hutfarbe unterschieden werden: Grünlinge (*Tricholoma flavovirens* [Pers.: Fr.] Lundell) und *Tricholoma auratum* [Fr.] Gill.) haben zitronengelbe, am Stiel angeheftete Lamellen, einen Ring.

Der mehlig riechende Grüngelbe Ritterling (*Tricholoma sejunctum* [Sow.: Fr.] Quél.) hat weiße, jedoch am ringlosen Stiel angeheftete Lamellen. Auch Verwechslungen mit Täublingen (*Russula*-Arten) können ausgeschlossen werden, wenn man auf deren ringlose Stiele ohne Knolle und deren angeheftete Lamellen achtet. Innerhalb der Wulstlinge kann der Grüne Knollenblätterpilz gelegentlich mit dem Gelben Knollenblätterpilz (*Amanita citrina*) verwechselt werden. Dieser normalerweise zitronengelbe Pilz hat eine scharf abgegrenzte, weiche Stielknolle, die Scheide ist pulverig und bleibt beim Sammeln meist im Boden hängen, das Fleisch riecht deutlich nach rohen Kartoffeln. Für Sammler von Champignon- oder Egerlingsarten (*Agaricus* sp.) können sehr blasse, nahezu weiße Formen des tödlich giftigen Grünen Knollenblätterpilzes gefährlich werden: Champignon-Arten haben jedoch bereits an sehr jungen, noch nicht vollständig aufgeschirmten Fruchtkörpern rosa, grau bis bräunlich gefärbte Lamellen, die später schokoladenbraun werden.

Auch ist die Stielbasis nicht – wie bei den Knollenblätterpilzen – von einer Scheide umhüllt. Junge, noch eiförmig geschlossene Entwicklungsstadien von Wulstlings-Arten können mit Bovisten und Stäublingen verwechselt werden. Im Längsschnitt sind bei Wulstlingen schon in sehr frühen Stadien Lamellenanlagen zu erkennen, die bei den Bovisten und Stäublingen immer fehlen. Mit den weißen Formen des Grünen Knollenblätterpilzes können zwei ebenfalls tödlich giftige Wulstlinge, der Frühlings-Knollenblätterpilz (*Amanita verna* [Fr.] Vitt.) und der Kegelhütige Knollenblätterpilz (*Amanita virosa*) verwechselt werden. Ungeübte Sammler von Speisepilzen sollten weißhütige Pilze mit freien Lamellen und einem Ring am Stiel unbedingt stehenlassen! Von diesen tödlich giftigen Pilzen reichen 1–2 Fruchtkörper, um einen erwachsenen Menschen zu töten.

Speisewert: Der Grüne Knollenblätterpilz ist tödlich giftig und einer der gefährlichsten Pilze der Alpenregion.

Grauer Wulstling
Amanita spissa (Fr.) Kumm.

Synonyme: Amanita excelsa (Fr.) Bert.

D: Grauer Wulstling, Gedrungener Wulstling, Hoher Wulstling. E: Grey amanita. F: Amanite épaisse.
I: Amanita spissa, tigniosa grigia.

Hut 5–15 cm Durchmesser, graubraun, Rand nicht gerieft. Hutoberfläche glatt, bedeckt mit weißlichen oder blaßgrauen, abwischbaren Velumresten. Lamellen frei, gedrängt, weiß bis cremefarben. Stiel weißgrau, mit deutlich längs gerieftem Ring, Basis allmählich in eine rübenartige Knolle übergehend. Fleisch weiß. Geruch rettichartig, Geschmack mild. In Nadel- und Laubwäldern, verbreitet.

Verwechslungsmöglichkeiten: Der Graue Wulstling kann mit dem giftigen Pantherpilz (*Amanita pantherina*) verwechselt werden: Dieser unterscheidet sich durch den deutlich gerieften Hutrand, den nicht gerieften Ring und die eingepfropfte Knolle. Verwechslungen mit dem Perlpilz (*Amanita rubescens*) wären ungefährlich: Dieser hat hellere fleischbräunliche Farben und ein v. a. in der Stielbasis bald rosarötliches Fleisch.

Speisewert: Der Graue Wulstling ist gekocht eßbar, er sollte jedoch wegen der Verwechslungsmöglichkeit mit dem Pantherpilz nur von erfahrenen Pilzsammlern gegessen werden.

Grauhäutiger Scheidenstreifling
Amanita submembranacea (Bon) Gröger
Synonyme: –

D: Grauhäutiger Scheidenstreifling. E: Mountain Grisette. F: Amanite montagnard. I: Bubbolina montana.

Hut 5–15 cm, olivlich gelb, olivbraun bis graubraun, jung oft mit graulichen Velumresten. Hutrand deutlich kammartig gerieft. Lamellen frei, weiß bis leicht creme. Stiel 10–20 cm lang und 1–2 cm dick, creme bis graulich, ohne Ring, Basis kaum angeschwollen, mit sackartiger, graulicher Volva. Fleisch weiß, Geruch und Geschmack unauffällig. In Nadel- und Laubwäldern, häufig.

Verwechslungsmöglichkeiten: Der Grauhäutige Scheidenstreifling kann mit anderen Scheidenstreiflingen, z. B. dem Grauen Scheidenstreifling (*Amanita vaginata*), verwechselt werden. Dieser ist etwas kleiner und hat eine weiße Volva und graue Hutfarben ohne olivliche Töne. Außerdem sollte unbedingt darauf geachtet werden, diesen Pilz nicht mit dem Knollenblätterpilz zu verwechseln, der ähnliche Hutfarben, aber einen Ring, einen ungerieften Hutrand und einen deutlich knolligen Stiel hat.

Speisewert: Dieser Scheidenstreifling ist eßbar, er sollte aber aufgrund der gefährlichen Verwechslungsmöglichkeiten nur von Pilzkennern gegessen werden.

Perlpilz
Amanita rubescens (Pers.: Fr.) S. F. Gray

Synonyme: –

D: Perlpilz, Rötlicher Wulstling. E: Blushing Amanita, Blushher. F: Amanite rougeatre. I: Amanita rosseggiante, tignosa vinata.

Hut 5–15 cm, fleischbräunlich, Rand nicht gerieft, mit blassen bis gleichfarbenen, pulverigen abwischbaren Schuppen, unter der Huthaut rotbraun. Lamellen frei, weiß, später rotbraun fleckig. Stiel zylindrisch, allmählich in eine knollige Basis übergehend, weiß bis rötlich-braun, mit weißem, grieftem Ring. Fleisch nur bei jungen Exemplaren weiß, sonst in der Stielbasis bald rötlich-braun verfärbend, v. a. Madengänge verfärben schnell deutlich weinrot. Geruch unauffällig, Geschmack mild.

Verwechslungsmöglichkeiten: Wenn man Perlpilze sammelt, muß man darauf achten, sie nicht mit dem giftigen Pantherpilz (*Amanita pantherina*) zu verwechseln. Der eher graubraune Pantherpilz hat eine eingepfropfte Knolle und einen grieften Hutrand. Der eßbare Graue Wulstling (*Amanita spissa*) unterscheidet sich durch die dunkleren graubraunen Hutfarben und durch das nicht rötende Fleisch.

Speisewert: Perlpilze sind gute Speisepilze. Da sie schnell verderben, sollten nur junge Exemplare gesammelt und diese nur gut erhitzt verspeist werden. Außerdem sollten sie aufgrund der Verwechslungsmöglichkeiten nur von erfahrenen Pilzsammlern gegessen werden.

Grauer Scheidenstreifling
Amanita vaginata (Bull.: Fr.) Vitt.

Synonyme: –

D: Grauer Scheidenstreifling, Seidenstreifling, Ringloser Wulstling. E: Sheated amanitopsis, Grisette. F: Amanite engaineé, Amanite à étui. I: Bubbolina rigata.

Hut kegelig-glockig, 3–10 cm, grau mit stark kammartig gerieftem Hutrand. Nur bei jungen Exemplaren mit weißen abwischbaren Velumresten. Lamellen weiß, frei. Sporenstaub weiß. Stiel weißgrau, schlank mit großer, ebenfalls weißgrauer, die Stielbasis umschließender Scheide. Kein Ring. Fleisch weiß, geruch- und geschmacklos. In Laub- und Nadelwäldern, nicht häufig.

Verwechslungsmöglichkeiten: Die verschiedenen zu den Scheidenstreiflingen gehörenden Pilzarten haben folgende Eigenschaften gemeinsam: Sie haben eine sackförmige Scheide, es fehlt der Ring, und der Hutrand ist deutlich kammartig gerieft.

Der Graue Scheidenstreifling (*Amanita vaginata*) hat in seiner typischen Form einen grauen Hut ohne aufliegende Velumreste. Bei bräunlichen Hutfarben und/oder aufliegenden Velumresten kann es sich auch um den Silbergrauen Scheidenstreifling (*Amanita mairei* Foley), den Verfärbenden Scheidenstreifling (*Amanita battarae* Boud.) oder den Grauhäutigen Scheidenstreifling (*Amanita submembranacea* [Bon] Gröger) handeln. Eine eindeutige Bestimmung dieser Scheidenstreiflinge ist nur mikroskopisch möglich.

Speisewert: In gekochtem Zustand sind alle Scheidenstreiflinge als Speisepilze verwertbar, roh sind sie jedoch giftig. Bei oberflächlicher Betrachtung sind Verwechslungen mit Wulstlingen (*Amanita* sp.), bei denen der Ring abgefallen ist, möglich. Daher sollten Scheidenstreiflinge nur von erfahrenen Pilzsammlern gegessen werden. Eine Verwechslung mit jungen Exemplaren der Scheidlinge (*Volvariella* sp.) wäre ungefährlich – deren Lamellen färben sich bei Reife rosa, und der Hutrand ist nicht gerieft.

Spitzhütiger Knollenblätterpilz
Amanita virosa Lamark

Synonyme: –

D: Spitzhütiger Knollenblätterpilz, Kegeliger Wulstling. E: Destroying Angel, Death Angel. F: Amanite vireuse. I: Tignosa bianca.

Hut jung eiförmig, später kegelig bis spitzhütig, dann glockig bis gebuckelt ausgebreitet, weiß, Hutrand nicht gerieft, Oberfläche feucht-klebrig. Lamellen frei, weiß, sehr dicht. Stiel weiß, flockig, mit knolliger Basis, die von einer sackartigen Volva umgeben ist, Oberfläche grob längsfaserig, Ring weiß, aber schnell abfallend. Fleisch weiß. Geruch unauffällig, NICHT KOSTEN! In Laub- und Nadelwäldern, verbreitet.

Verwechslungsmöglichkeiten: Der tödlich giftige Kegelige Knollenblätterpilz kann mit einer Vielzahl an weißen Gift- und Speisepilzen verwechselt werden. Besondere Vorsicht ist beim Sammeln von Maipilzen (*Calocybe gambosa*), jungen Champignons (*Agaricus* spp.) und Bovisten geboten. Man erkennt den Kegeligen Wulstling jedoch an seinen freien, weißen Lamellen und an der knolligen, von einer Volva umgebenen Stielbasis.

Speisewert: Tödlich giftig.

Rauher Schirmling
Lepiota aspera (Pers.: Fr.) Quél.

Synonyme: *Lepiota acutesquamosa* (Weinm.) Gill., *Lepiota friesii* (Lasch) Quél.

D: Rauher Schirmling, Spitzschuppiger Schirmling. E: Scaly Parasol. F: Lépiote a écailles aigues. I: Lepiota aspera.

Hut 3–12 cm, mit dreieckigen und kegelwarzigen braunen Schuppen auf braunem Grund. Lamellen frei, weiß bis creme, sehr gedrängt. Stiel oberhalb des Rings weißlich mit mehr oder weniger glatter Oberfläche, unterhalb des faserigen Rings mit braunen spitzkegeligen Schuppen wie am Hut. Fleisch weiß. Geruch und Geschmack unangenehm. In Wäldern, auf Lichtungen, verbreitet.

Verwechslungsmöglichkeiten: Der Igel-Schirmling (*Lepiota echinacea* Lange) ist sehr ähnlich, er erreicht jedoch nur einen Hutdurchmesser von maximal 6 cm. Der Kegelschuppige Schirmling (*Lepiota hystrix* Moll. & Lange) ist dunkler braun. Außerdem unterscheiden sich diese Arten durch mikroskopische Merkmale wie Sporenform und -größe.

Speisewert: Der Rauhe Schirmling und dessen Doppelgänger sind giftig.

Wolliggestiefelter Schirmling
Lepiota clypeolaria (Bull.: Fr.) Kumm.

Synonyme: –

D: Wolliggestiefelter Schirmling. E: Shield Parasol. F: Lépiote clypeolaria. I: Lepiota clypeolaria.

Hut 4–8 cm, mit ockerfarbenen bis bräunlichen Schüppchen auf weißlichem Untergrund. Lamellen frei, weiß bis creme, gedrängt. Stiel weiß, von weißem Velum wollig-flockig überzogen, ohne Ring, aber mit ringartiger Zone. Fleisch weiß. Geruch und Geschmack unbedeutend. In Nadel- und Laubwäldern, verbreitet.

Verwechslungsmöglichkeiten: Der Wolliggestiefelte Schirmling kann mit dem Gelbflockigen Wollstielschirmling (*Lepiota ventriosospora* Reid) verwechselt werden, der typische ockergelbe Flocken unterhalb der ringartigen Zone aufweist. Der Beschuhte Schirmling (*Lepiota ignivolvata* Bouss. & Joss. ex Joss.) hat ebenfalls eine wollig weiß überfaserte Stielbasis, die sich jedoch beim Trocknen allmählich rot verfärbt. Der Weiße Wollstielschirmling (*Lepiota alba* [Bres.] Sacc.) ist sowohl am Hut als auch am Stiel vollkommen weiß.

Speisewert: Der Wolliggestiefelte Schirmling ist ungenießbar.

Stinkschirmling
Lepiota cristata (Bolt.: Fr.) Kumm.

Synonyme: –

D: Stinkschirmling. E: Brown-Eyed Parasol. F: Lépiote a crête, petite coulemell puante. I: Lepiota crestata.

Hut 2–4 cm, mit kleinen, rötlich-braunen Schüppchen oder Körnchen auf weißlichem Grund. Lamellen frei, weiß bis creme, gedrängt. Stiel weiß bis fleischfarben, mit häutigem Ring, der allerdings leicht abfällt. Fleisch weiß. Geruch unangenehm, metallisch, Geschmack unangenehm. In Wäldern, verbreitet.

Verwechslungsmöglichkeiten: Hat man den Stinkschirmling einmal gerochen, ist dieser Pilz leicht an seinem unangenehmen Geruch wiederzuerkennen. Es gibt eine Reihe weiterer kleiner Schirmlinge, die dem Stinkschirmling ähneln. Eine eindeutige Unterscheidung ist häufig nur mit mikroskopischen Merkmalen möglich.

Speisewert: Der Stinkschirmling ist ungenießbar.

Parasol
Macrolepiota procera (Fr.) Sing.

Synonyme: –

D: Parasol, Riesenschirmling. E: Parasol mushroom. F: Lépiote élevée, Baguette de tambour.
I: Bubbola maggiore, Mazza di tamburo, Parasole.

Hut 10–35 cm, erst kugelig, jung paukenschlägerförmig, dann ausgebreitet, auf weißlichem Grund mit braunen, abstehenden Schuppen. Lamellen frei, weiß bis creme, sehr gedrängt. Stiel leicht keulig, beigebraun, mit genatterter Oberfläche und doppeltem, im Alter verschiebbarem Ring. Fleisch blaß holzfarben, nicht verfärbend. Geruch und Geschmack angenehm nußartig. Am Waldrand, auf Lichtungen, häufig.

Verwechslungsmöglichkeiten: Der Parasol wird häufig mit dem Safranschirmling verwechselt, dessen Fleisch beim Berühren rötet und dessen Stiel eine ungenatterte Oberfläche aufweist. Vorsicht ist bei Exemplaren geboten, die in Gärten und Parks gesammelt wurden: In solchen Fällen besteht nämlich die Verwechslungsmöglichkeit mit dem seltenen, exotischen Doppelgänger, dem Gartenschirmling (*Macrolepiota rhacodes* var. *bohemica* [Wich.] Bellu & Lanzoni), der zu Vergiftungen geführt hat.

Speisewert: Der Parasol ist ein guter Speisepilz, er sollte allerdings nicht roh gegessen werden. Der faserig zähe Stiel kann trocken zu einem würzigen Pilzpulver verrieben werden.

Jungfern-Schirmling
Macrolepiota puellaris (Fr.) M. M. Moser

Synonyme: Macrolepiota nympharum (Kalchbr.) Wasser

D: Jungfern-Schirmling. E: Nymph-Parasol. F: Lépiote puellaris. I: Bubbola ninfa.

Hut 5–15 cm, erst eiförmig-kugelig, dann ausgebreitet, mit dreieckigen, dachziegelartig angeordneten weißlichen Schuppen auf weißem Grund, Hutmitte mit einer bräunlichen Scheibe. Lamellen frei, weiß bis creme, sehr gedrängt, gelegentlich bei Berührung gilbend. Stiel leicht knollig, weiß, mit glatter Oberfläche und flüchtigem Ring. Fleisch weiß, gelegentlich in der Stielbasis rötlich verfärbend. Geruch und Geschmack unbedeutend. In Wäldern, am Waldrand, auf Lichtungen, häufig.

Verwechslungsmöglichkeiten: Bei vollkommen weißen Pilzen sollte immer auf die Verwechslungsmöglichkeiten mit dem Knollenblätterpilz (*Amanita phalloides*) geachtet werden. Schirmlinge unterscheiden sich von diesem durch das Fehlen einer Scheide oder Volva an der Stielbasis und durch die schuppige Hutoberfläche. Weitere Verwechslungen wären mit Riesenschirmlingen möglich. Diese sind aber meist deutlich größer.

Speisewert: Der Jungfern-Schirmling ist giftig.

Safranschirmling
Macrolepiota rachodes (Vitt.) Sing.

Synonyme: –

D: Safranschirmling, Rötender Schirmling. E: Shagg Parasol. F: Lépiote déguenillée. I: Bubbola rosseggiante, Bubbola squamata.

Hut 10–15 cm, erst kugelig, dann ausgebreitet, auf weißlichem bis bräunlichem Grund mit braunen, nicht abwischbaren Schuppen. Lamellen frei, weiß bis creme, sehr gedrängt. Stiel leicht keulig, beige, mit glatter Oberfläche und doppeltem, im Alter verschiebbarem Ring. Fleisch blaß holzfarben, bei Berührung rötlich verfärbend. Geruch und Geschmack unbedeutend. Am Waldrand, auf Lichtungen, häufig.

Verwechslungsmöglichkeiten: Der Safranschirmling ist der Doppelgänger des Parasol. Er kann anhand des rötenden Fleisches und des glatten Stiels unterschieden werden.

Speisewert: Der Safranschirmling ist ein guter Speisepilz. In individuellen Fällen kann der Safranschirmling jedoch Verdauungsstörungen hervorrufen.

Pilzbeschreibungen

Blätterpilze
mit weißen bis gelben, angewachsenen Lamellen

Hallimasch
Armillaria mellea (Vahl) Kumm. ss. lato

Synonyme: –

D: Hallimasch. E: Honey mushroom. F: Armillaire couleur de miel. I: Chiodino, Famigliola buona.

Hut 3–10 cm, fleischbraun, mit dunkleren, fein angewachsenen Schüppchen. Lamellen eng, gerade angewachsen bis herablaufend, weiß bis creme. Stiel fleischbräunlich, mit weißlichem häutigem Ring, der an der Unterseite oft gelbbraune Flocken aufweist. Stiel unterhalb des Rings flockig-schuppig. Fleisch im Hut weißlich, im Stiel faserig. Büschelig an Holz, vor allem im Spätherbst, sehr häufig. Der Hallimasch ist ein Holzparasit und überzieht sein Substrat mit langen schwarzen, bis zu 3 mm dicken Hyphensträngen.

Verwechslungsmöglichkeiten: Der Hallimasch ist eine Sammelart, deren verschiedene Formen makroskopisch nur schwer voneinander unterschieden werden können. Weiters wird der Hallimasch oft mit dem Sparrigen Schüppling (*Pholiota squarrosa* [Weig.: Fr.] Kumm.) verwechselt, der sich durch mehr sparrig abstehende Schuppen an Hut und Stiel sowie durch braune Lamellen unterscheidet.

Speisewert: Der Hallimasch ist roh oder ungenügend gekocht giftig. Die Hüte dieses Pilzes können nur nach vorherigem Abkochen (wobei das Kochwasser verworfen wird) verzehrt werden. Allerdings kann es auch dann noch zu Unverträglichkeitsreaktionen kommen. Daher wird von dem Genuß des Hallimasch abgeraten.

Mairitterling
Calocybe gambosa (Fr.) Donk

Synonyme: –

D: Mairitterling, Georgsritterling, Maipilz, Mai-Schönkopf. E: May cavalier, May mushroom.
F: Tricholome de St. Georges. I: Tricholoma di San Giorgio.

Hut 5–15 cm, weiß bis ockerlich, anfangs halbkugelig, dann abgeflacht, glatt. Lamellen ausgebuchtet angewachsen, gedrängt, schmal, weißlich. Stiel relativ dick und robust, glatt, weißlich. Fleisch fest, weiß. Geruch stark mehlig, Geschmack mild. In grasigen Laub- und Nadelwäldern, nur im Frühling.

Verwechslungsmöglichkeiten: Mairitterlinge können mit dem giftigen, ebenfalls im Frühling wachsenden Ziegelroten Rißpilz (*Inocybe patouillardii* Bres.) verwechselt werden. Dieser Rißpilz unterscheidet sich durch das Röten am ganzen Fruchtkörper und durch braune Lamellen. Weichritterlinge (*Melanoleuca*), die ebenfalls zu dieser Jahreszeit fruktifizieren, haben in der Regel schlankere, faserige Stiele und sind auch im Hut weniger fleischig. Beiden Doppelgängern fehlt auch der starke Mehlgeruch der Mairitterlinge.

Speisewert: Der Mairitterling ist ein beliebter Speisepilz.

Ockerbrauner Trichterling
Clitocybe gibba (Pers.) Kumm.

Synonyme: Clitocybe infundibuliformis ss. auct.

D: Ockerbrauner Trichterling. E: Forest funnelcap.

Hut anfangs schwach gebuckelt, bald trichterig, zuweilen mit einer Papille, mit wellig verbogenem Rand, 3–8 cm, creme bis ockerfarben. Lamellen weiß, herablaufend. Sporenstaub weiß bis creme. Stiel 2,5–5 x 0,5–1,3 cm, weiß oder dem Hut gleichfarben. Fleisch weißlich, Geruch nach frischem Heu mit einem Hauch von Bittermandel-Geruch (= Blausäurekomponente). In Laub- und Nadelwäldern, häufig.

Verwechslungsmöglichkeiten: Der Ockerbraune Trichterling wird oft mit dem Kerbrandigen Trichterling (*Clitocybe costata* Konr. & Maubl.) verwechselt. Dieser ebenfalls eßbare Pilz ist in Hut und Stiel kräftiger ockerbräunlich gefärbt, der Hut ist auffallend kerbrandig. Der Schuppige Trichterling (*Clitocybe squamulosa* [Pers.] Kumm) hat einen fleischbraun-ockerlichen, jedoch deutlich schuppigen Hut, der Orangebraune Kohlentrichterling (*Clitocybe sinopica* [Fr.] Kumm) hat einen auffallend ranzigen Geruch (= Mehlgeruch).

Speisewert: Bei *Clitocybe gibba* ist schon der Geruch nach Blausäure auffällig. Aufgrund der Flüchtigkeit dieses Giftstoffs besteht allerdings bei normaler Zubereitung keine Gefahr. Mittelmäßiger Speisepilz.

Amiant-Körnchenschirmling
Cystoderma amianthinum (Scop.) Fayod
Synonyme: –

D: Amiant-Körnchenschirmling. E: Unspotted grainy cap. F: Cystoderma amianthinum. I: Cystoderma amianthinum.

Hut 2–5 cm, lebhaft ockergelb, mit trocken-körniger Hutoberfläche, manchmal runzelig. Lamellen weiß bis cremefarben, angeheftet. Stiel 4–7 x 0,4 cm, gleich dick, von der Basis bis zum Ring körnig, darüber glatt, dem Hut gleichfarben. Fleisch weißlich, mit erdartigem Geruch. In Nadel- und Laubwäldern, zwischen Moosen, verbreitet.

Verwechslungsmöglichkeiten: Der Amiant-Körnchenschirmling kann mit anderen Körnchenschirmlingen verwechselt werden, die sich vor allem durch andere Farben und mikroskopische Merkmale unterscheiden.

Speisewert: Körnchenschirmlinge sind eßbar, aber nicht sehr schmackhaft.

Knopfstieliger Rübling
Gymnopus confluens (Pers.) Antonín, Halling & Noordel
Synonyme: –

D: Knopfstieliger Rübling. E: Tufted coincap. F: Collybie confluens. I: Collibia confluens.

Hut 3–5 cm, fleischbräunlich, Rand schwach gerieft, glatt, hygrophan. Lamellen weißlich bis fleischbräunlich, gedrängt, mit gezähnelten Schneiden. Stiel bräunlich, hohl, auf der gesamten Oberfläche filzig-striegelig, mit knopfartig erweiterter Stielspitze. Geruch und Geschmack unauffällig. Büschelig vor allem in Laubwäldern, häufig.

Verwechslungsmöglichkeiten: Der Knopfstielige Rübling könnte mit anderen büschelig wachsenden Rüblingen verwechselt werden. Ein eindeutiges Unterscheidungsmerkmal dieser Art ist der auf der ganzen Länge bereifte, an der Spitze knopfig erweiterte Stiel. Der Striegelige Rübling (*Gymnopus hariolorum* [Bull.: Fr.] Antonín, Halling & Noordel.) hat striegelige Stiele und einen auffälligen, unangenehmen Geruch nach faulem Kohl. Der Büschel-Rübling (*Gymnopus acervatus* [Fr.: Fr.] Murrill) kommt hauptsächlich in Nadelwäldern vor und hat rotbraune glatte Stiele, die an der Basis von weißem Myzelfilz überzogen sein können. Auch der Waldfreund-Rübling (*Gymnopus dryophi-lus* [Bull.: Fr.] Murrill) hat glatte Stiele und in der Farbe sehr veränderliche, gelbbraune bis fleischbraune Hüte, diese Pilzart wächst jedoch nicht büschelig.

Speisewert: Der Knopfstielige Rübling ist nicht genießbar.

Märzellerling
Hygrophorus marzuolus (Fr.) Bres.
Synonyme: –

D: Märzellerling, Märzschneckling. E: March mushroom. F: Hygrophore e mars. I: Dormiente.

Hut 8–15 cm, konvex bis wellig verbogen, weißlich bis grau. Lamellen herablaufend, weiß, alt grau werdend. Stiel gleichfarben, kurz und robust. Fleisch weiß, Geruch angenehm, Geschmack mild. Die Fruchtkörper bleiben oft zur Hälfte im Boden stecken. Einzeln und in Gruppen, in Laubwäldern und Nadelwäldern, gern auf Kalkuntergrund, im Spätwinter und Frühling.

Verwechslungsmöglichkeiten: Der Märzellerling kann mit dem Mairitterling (*Calocybe gambosa*) verwechselt werden: Letzterer riecht stark nach Mehl und hat weiße bis cremefarbene Fruchtkörper ohne graue Töne.

Speisewert: Der Märzellerling ist ein guter Speisepilz.

Herbstblatt
Lepista nebularis (Batsch: Fr.) Harmaja

Synonyme: Clitocybe nebularis (Batsch: Fr.) Kumm.

D: Herbstblatt, Nebelkappe, Graukopf, Nebelgrauer Rötelritterling. E: Cloudy Funnelcap. F: Clitocybe nébuleuse. I: Agarico nebbioso.

Hut 7–15 cm, aschgrau, graubraun, bereift. Lamellen creme, gedrängt. Stiel schmutzigweiß, keulig. Geruch und Geschmack mehlig-ranzig. Im Spätherbst in Laub- und Nadelwäldern, oft in großen Gruppen oder in Form von Hexenringen wachsend, häufig.

Verwechslungsmöglichkeiten: Der Riesenrötling (*Entoloma sinuatum* [Bull.: Fr.] Kumm.) unterscheidet sich durch beigebräunliche Hutfarben und durch die bei Reife rötlich verfärbenden Lamellen. Dieser gefährliche Doppelgänger hat bereits zu tödlichen Vergiftungen geführt.

Speisewert: Das Herbstblatt gilt weithin als minderwertiger Speisepilz, der nach vorherigem Abkochen verzehrt werden kann. Vom Genuß dieses Pilzes wird allerdings abgeraten, da es zu Unverträglichkeitsreaktionen kommen kann.

Frühlings-Weichritterling
Melanoleuca cognata (Fr.) K. & M.

Synonyme: –

D: Frühlings-Weichritterling. E: Spring Cavalier. F: Melanoleuca cognata. I: Melanoleuca cognata.

Hut 7–15 cm, konvex bis flach gebuckelt, ockergelb, cognacfarben, kupferbraun, glatt. Lamellen ausgebuchtet angewachsen, gedrängt, creme bis orangebraun. Stiel glatt, eingewachsen längsfaserig, dem Hut gleichfarben, im Verhältnis zum Hutdurchmesser relativ dünn wirkend, oft mit verdickter Stielbasis. Fleisch blaß, in der Stielbasis dunkler. Geruch und Geschmack unauffällig. In Laub-und Nadelwäldern, vor allem im Frühling.

Verwechslungsmöglichkeiten: Frühlings-Weichritterlinge sind an ihren charakteristischen braunen bis ockergelben Hutfarben, den ausgebuchtet angewachsenen ockergelben Lamellen und der frühen Erscheinungszeit gut zu erkennen. Verwechslungen können mit anderen großen Weichritterlingen, z. B. mit dem ungenießbaren Rilligstieligen Weichritterling (*Melanoleuca grammopoda* [Bull.] Pat.), vorkommen. Dieser hat eine ausgeprägt rillige Stieloberfläche und einen starken, unangenehm mehligen bis aromatischen Geruch.

Speisewert: Der Frühlings-Weichritterling ist eßbar.

Kahler Krempling
Paxillus involutus (Batsch) Fr.

Synonyme: –

D: Kahler Krempling, Empfindlicher Krempling. E: common paxillus, brown cantharelle, inrolled paxillus, poison paxillus, naked brimcap. F: paxille enroulé, cantharelle brune. I: paxillo involuto, paxillo accartocciato.

Hut 5–15 cm, ockerbraun, olivbraun, rotbraun, filzig gerippt. Mitte etwas niedergedrückt, Rand auffallend lang eingerollt. Lamellen gelblich-ocker, engstehend, leicht herablaufend, auf Druck bräunend. Stiel gelbbräunlich, wie der Hut braun flekkend. Fleisch holzgelblich, bräunlich anlaufend. Geruch und Geschmack säuerlich. Am Boden in Laub- und Nadelwäldern, häufig.

Verwechslungsmöglichkeiten: Verwechslungen kommen hauptsächlich mit dem selteneren Erlen-Krempling (*Paxillus filamentosus* Fr.) vor, der eine aus anliegenden Faserschuppen bestehende Hutoberfläche hat und bei Erlen wächst. Aufgrund der nahen Verwandtschaft dieser beiden Arten sollte auch der Erlen-Krempling nicht gegessen werden.

Speisewert: Neueren Erkenntnissen folgend, muß im Gegensatz zu Angaben in älteren Pilzbüchern dringend von dem Genuß des Kahlen Kremplings abgeraten werden. Er ist ausnahmslos als gefährlicher Giftpilz einzustufen, der zum Beispiel in Polen am dritthäufigsten zu Pilzvergiftungen führt.

Horngrauer Rübling
Rhodocollybia butyracea forma asema (Fr.: Fr.) Antonín, Halling & Noordel

Synonyme: –

D: Horngrauer Rübling, Butterrübling. E: Butter coincap. F: Collybie butyracea. I: Collibia butyracea.

Hut 3–7 cm, hornbraun, horngrau, hygrophan und dadurch zweifarbig wirkend, fettig glänzend. Lamellen bogig angewachsen bis fast frei, weiß. Stiel dem Hut gleichfarben, glatt bis längsfaserig, mit aufgeblasen wirkender Basis, hohl, zäh. Geruch und Geschmack unauffällig. In Laub- und Nadelwäldern, häufig.

Verwechslungsmöglichkeiten: Der Horngraue Rübling wird oft mit dem ebenfalls eßbaren Kastanienroten Rübling (*Rhodocollybia butyracea* forma *butyracea* [Bull.: Fr.] Lennox) verwechselt, der, wie der Name schon sagt, rotbraune Hüte hat. Beide haben den charakteristischen hohlen, an der Basis aufgeblasen wirkenden Stiel.

Speisewert: Der Horngraue Rübling ist eßbar.

Gefleckter Rübling
Rhodocollybia maculata (Alb. & Schwein.: Fr.) Sing.

Synonyme: –

D: Gefleckter Rübling. E: Spotted coincap. F: Collybie maculé. I: Collibia maculata.

Hut 3–8 cm, weiß bis creme, glatt, Oberfläche matt, mit rostbraunen Flecken. Lamellen weiß bis creme, gedrängt. Stiel auffallend steif, weiß, rostfleckig, Oberfläche glatt bis längsriefig, oft verdreht und leicht im Boden wurzelnd. Geruch unauffällig, Geschmack bitter. Meist in Nadelwäldern, häufig.

Verwechslungsmöglichkeiten: Der Gefleckte Rübling kann meist an den typischen Rostflecken auf dem weißen Hut und Stiel sowie an seinem bitteren Geschmack erkannt werden. Ein ähnlicher Rübling ist *Rhodocollybia fodiens* (Kalchbr.) Antonín & Noordel. mit mehr rötlich-braunen Hutfarben und mit mildem Geschmack. Der Spindelige Rübling (*Gymnopus fusipes* [Bull.: Fr.] S. F. Gray) ist am gesamten Fruchtkörper einheitlich rotbraun und hat einen auffällig spindelig-wurzelnden Stiel.

Speisewert: Der Gefleckte Rübling ist wegen des bitteren Geschmacks nicht genießbar.

Seifenritterling
Tricholoma saponaceum (Fr.) Kumm.
Synonyme: –

D: Seifenritterling. E: Soapy cavalier. F: Tricholome à odeur savon. I: Tricoloma saponacea.

Hut 5–10 cm, in den Farben sehr variabel, von weißlich, grau, rötlich, graugrün zu graubraun. Lamellen weißlich bis gelblich, dicklich und entfernt. Stiel in den Farben variabel wie der Hut, aber im Alter immer zumindest leicht kupferrötlich verfärbend. Geruch nach Schmierseife (Waschküchengeruch). In Laub- und Nadelwäldern, verbreitet.

Verwechslungsmöglichkeiten: Der Seifenritterling kann anhand seines typischen Geruchs und an den rötlichen Verfärbungen am Fruchtkörper erkannt werden. Dieser Pilz ist allerdings in den Farben so variabel, daß er mit einer Vielzahl anderer Ritterlinge verwechselt werden kann.

Speisewert: Der Seifenritterling ist giftig.

Schwefelritterling
Tricholoma sulphureum Kumm.
Synonyme: –

D: Schwefelritterling, Schwefelgelber Ritterling. E: Sulphur cavalier. F: Tricholome soufré. I: Tricoloma sulfurea.

Hut 5–12 cm, matt, schwefelgelb. Lamellen entferntstehend und relativ dick, gelb. Stiel zylindrisch, gelb. Fleisch gelb. Geruch unangenehm, widerwärtig gasartig. In Wäldern, verbreitet.

Verwechslungsmöglichkeiten: Der Schwefelritterling kann aufgrund seiner leuchtendgelben Farben und wegen seines widerwärtigen Geruchs leicht von ähnlichen Ritterlingen unterschieden werden. Der Lästige Ritterling (*Tricholoma inamoenum* [Fr.] Gill.) hat den gleichen unangenehmen Geruch, die Fruchtkörper dieses Pilzes sind jedoch weißlich. Der ebenfalls stinkende Violettbraune Schwefelritterling (*Tricholoma bufonium* [Pers.: Fr.] Gill.) unterscheidet sich gut durch purpurviolette Hüte.

Speisewert: Der Schwefelritterling wird nicht für Speisezwecke empfohlen, da es zu Unverträglichkeitsreaktionen gekommen ist.

Gemeiner Erdritterling
Tricholoma terreum (Schaeff.) Kumm.

Synonyme: –

D: Gemeiner Erdritterling, Mäuschen. E: Mouse tricholoma. F: Tricholome triste. I: Moretta.

Hut 4–8 cm, grau, angedrückt filzig bis radialfaserig. Lamellen weiß bis grau, gekerbt. Stiel blaßgrau, faserig, Spitze oft feinkörnig. Fleisch weiß, Geruch unauffällig, Geschmack mild. In Nadel- und Laubwäldern, häufig.

Verwechslungsmöglichkeiten: Der Gemeine Erdritterling kann mit anderen grauen Ritterlingen verwechselt werden: Zwei giftige Doppelgänger sind der Tigerritterling (*Tricholoma pardinum* Quél.) und der Brennende Ritterling (*Tricholoma virgatum* [Fr.: Fr.] Kumm.). Der Tigerritterling hat eine deutlich schuppig-dachziegelartige Hutoberfläche, tränende Lamellen und Stielspitze sowie einen mehlig-ranzigen Geruch. Der Brennende Ritterling hat spitz gebuckelte Hüte mit nahezu glatter, eingewachsen faseriger Hutoberfläche und einen pfefferig scharfen Geschmack.

Speisewert: Der Gemeine Erdritterling ist eßbar.

Wolliger Ritterling
Tricholoma vaccinum (Pers.: Fr.) Kumm.

Synonyme: –

D: Wolliger Ritterling, Bärtiger Ritterling. E: Fuzzy top. F: Clitocybe en form déntonnoir. I: Tricoloma vaccinum.

Hut 3–10 cm, fleischbraun, rotbraun, grob filzig-zottig, mit bärtigem Rand. Lamellen weiß, dann fleischbraun. Stiel blaß rotbraun. Geruch unauffällig, Geschmack bitterlich. In Fichtenwäldern, sehr häufig.

Verwechslungsmöglichkeiten: Der Wollige Ritterling kann mit dem etwas größer werdenden, ungenießbaren Braunschuppigen Ritterling (*Tricholoma imbricatum* [Fr.: Fr.] Kumm.) verwechselt werden, der jedoch eine fast glatte bis faserschuppige Hutoberfläche ohne zottig-bärtigen Rand aufweist. Der ebenfalls nicht genießbare Lärchenritterling (*Tricholoma psammopus* [Kalchbr.] Quél.) hat etwas hellere, ockerbraune Hutfarben und einen flockig-körnigen Hut. Letztere Art kommt nur bei Lärchen vor.

Speisewert: Der Wollige Ritterling ist eßbar.

Pilzbeschreibungen

Blätterpilze
mit rosaroten bis braunen Lamellen

Schaf-Champignon
Agaricus arvensis Schäff.
Synonyme: –

D: Schaf-Champignon, Weißer Anis-Champignon. E: Horse mushroom. F: Agaric des champs, Agaric des jacères, boule de neige. I: Prataiolo.

Hut 5–10 cm, weiß bis leicht ockerlich, glatt oder nur der Rand leicht schuppig, bei Berührung gilbend. Lamellen frei, anfangs weiß, dann rosa bis dunkelbraun, gedrängt. Stiel 8–15 cm, ohne knollige Basis, weißlich, mit deutlichem hängendem Ring, der an der Unterseite ein sternförmiges Muster aufweisen kann. Fleisch weiß, an verletzten Stellen gilbend. Geruch angenehm, nach Anis, Geschmack angenehm. Auf Wiesen, verbreitet.

Verwechslungsmöglichkeiten: Beim Genuß von weißen Champignons sollte auf die Lamellenfarbe geachtet werden, um Verwechslungen mit dem tödlich giftigen Knollenblätterpilz ausschließen zu können. Die Lamellen des Knollenblätterpilzes bleiben weiß, wohingegen sich die Lamellen von Champignons bald rosa bis dunkelbraun verfärben. Gilbende Champignon-Arten, wie der Schaf-Champignon, können mit dem giftigen Karbolegerling (*Agaricus xanthoderma* Genev.) verwechselt werden. Diese haben einen unangenehmen Geruch nach Karbol und verfärben am gesamten Fruchtkörper schnell chromgelb, besonders stark aber im Fleisch der Stielknolle. Eßbare Champignon-Arten hingegen riechen meist angenehm anisartig und verfärben nicht so stark und eher zitronengelb. Der Schaf-Champignon kann mit weiteren gilbenden Speisepilzen verwechselt werden:

Der dünnfleischige Anis-Champignon (*Agaricus sylvicola* [Vitt.] Sacc.) ist schmächtiger und kommt meist in Wäldern vor.

Speisewert: Der Schaf-Champignon ist eßbar, es sollte jedoch auf die Verwechslungsmöglichkeit mit dem tödlich giftigen Knollenblätterpilz und mit dem giftigen Karbolegerling geachtet werden.

Stadt-Champignon
Agaricus bitorquis (Quél.) Sacc.

Synonyme: *Agaricus edulis* (Vitt.) Pilát

D: Stadt-Champignon, Scheidenegerling, Asphaltsprenger. E: Banded Agaricus, Urban Agaricus.
F: Agaric à deux colliers. I: Agarico a doppio anello.

Hut 4–15 cm, weißlich bis ockerlich, mit glatter Oberfläche. Lamellen frei, anfangs weiß, dann über rosa bis dunkelbraun, gedrängt. Stiel weißlich, Basis nicht knollig, mit deutlichem, trichterartig aufsteigendem, fast starr erscheinendem Ring und zusätzlich darunter oft noch mit scheidenartigen Zonen. Fleisch fest, weiß, im Schnitt leicht rötend. Geruch angenehm, der Geschmack ist angenehm nußartig. In Parks, Gärten, entlang von Wegen, verbreitet.

Verwechslungsmöglichkeiten: Der Stadt-Champignon ist durch seinen trichterig aufsteigenden Ring und durch das feste Fleisch gut charakterisiert. Er kann mit dem Zucht-Champignon (*Agaricus bisporus* [Lange] Imbach) verwechselt werden, der jedoch nie mehrere Ringzonen und ein weicheres Fleisch besitzt.

Speisewert: Der Stadt-Champignon ist wie der Zuchtchampignon eßbar.

Wald-Champignon
Agaricus silvaticus Schaeff.

Synonyme: Agaricus sanguinarius Karst.

D: Wald-Champignon. E: Forest mushroom. F: Agaric des forêts. I: Agarico silvatico.

Hut 2–10 cm, braun, mit ockerlich bis braunen faserig anliegenden Schüppchen. Lamellen frei, anfangs weiß, dann über rosa dunkelbraun werdend, gedrängt. Stiel 6–12 cm, länger als der Hutdurchmesser, weißlich, Basis knollig, mit deutlichem, hängendem Ring, Oberfläche darunter oft etwas schuppig. Fleisch im Schnitt deutlich rötend. Geruch säuerlich, Geschmack angenehm. In Nadelwäldern, verbreitet.

Verwechslungsmöglichkeiten: Der Wald-Champignon kann mit anderen rötenden Champignonarten mit hängendem Ring verwechselt werden: Der Große Waldchampignon (*Agaricus langei* [Möll.] Möll.) ist deutlich größer. Der Breitschuppige Champignon (*Agaricus lanipes* [Möll. & Schäff.] Pilát) hat breite, anliegende Hutschuppen und einen Stiel, der kürzer ist als der Hutdurchmesser.

Speisewert: Der Wald-Champignon ist, wie alle Champignons mit rot verfärbendem Fleisch, eßbar.

Mehlräsling
Clitopilus prunulus (Scop.: Fr.) Kumm.
Synonyme: –

D: Mehlräsling. E: Sweetbread mushroom. F: Clitopile petite prune, meunier. I: Prugnolo bastardo.

Hut 3–10 cm, flach mit eingerolltem Hutrand, weißlich bis etwas fleckig. Lamellen herablaufend, zuerst weiß, dann rosarot. Stiel weiß. Fleisch weiß, Geruch und Geschmack mehlartig ranzig. In Wäldern und auf Waldwiesen, häufig.

Verwechslungsmöglichkeiten: Der Mehlräsling kann mit weißen, erheblich giftigen Trichterlingen (*Clitocybe* spp.) verwechselt werden. Trichterlinge können aber vom Mehlräsling durch die weißen Lamellen, die sich niemals rosarot verfärben, unterschieden werden.

Speisewert: Der Mehlräsling ist eßbar, es sollte allerdings darauf geachtet werden, diesen Pilz nicht mit giftigen weißen Trichterlingen oder Rötlingen zu verwechseln.

Geschmückter Gürtelfuß
Cortinarius armillatus (Fr.) Fr.

Synonyme: –

D: Geschmückter Gürtelfuß. E: Cinnabar brackelet webcap. F: Cortinaire à bracelets. I: Cortinario armillato.

Hut 5–12 cm, rostbraun fuchsig, faserig-filzig. Cortina flüchtig. Lamellen ausgebuchtet angewachsen, rostbraun. Stiel dem Hut gleichfarben, mit leuchtend zinnoberroten Velumgürteln. Fleisch blaß, Geruch fehlend. Vor allem bei Birken, verbreitet.

Verwechslungsmöglichkeiten: Der Geschmückte Gürtelfuß kann mit anderen Schleierlingen mit rotem Velum verwechselt werden: Der Feuerfüßige Gürtelfuß (*Cortinarius bulliardii* [Pers.] Fr.) hat ein Velum, das den gesamten Stiel von der Basis her weit nach oben überzieht, und jung violettliche Lamellen. Die leuchtenden roten Farben dieser beiden Arten bestehen aus Antrachinonpigmenten. Im Gegensatz dazu hat *Cortinarius paragaudis* Fr. weniger leuchtendrote Velumgürtel am Stiel.

Speisewert: Nicht genießbar.

Dunkelbrauner Gürtelfuß
Cortinarius brunneus Fr.

Synonyme: –

D: Dunkelbrauner Gürtelfuß. E: Brown webcap. F: Cortinaire brun. I: Cortinario bruno.

Hut 5–10 cm, schwarzbraun, dunkelbraun, hygrophan. Cortina flüchtig. Lamellen dicklich, ausgebuchtet angewachsen, dunkelbraun. Stiel gleich dick, dunkelbraun, mit einem weißen, später bräunenden Velumgürtel. Fleisch dunkelbraun, Geruch fehlend. In Nadelwäldern, verbreitet.

Verwechslungsmöglichkeiten: Der Dunkelbraune Gürtelfuß ist durch seine relativ großen und gedrungenen, dunkelbraunen Fruchtkörper mit dicklichen Lamellen und der weißen Velumzone am Stiel charakterisiert. Diese Art ist ein typischer Vertreter der Gürtelfüße oder Wasserköpfe (Untergattung *Telamonia*). Die Wasserköpfe unterscheiden sich von den Gürtelfüßen durch das fehlende Velum. Der viel größer werdende *Cortinarius pachypus* Moser unterscheidet sich außerdem durch etwas heller braune Farben und durch ein blasses Velum, das nur die Stielbasis überzieht. Der Schwarzbraune Gürtelfuß (*Cortinarius glandicolor* Fr.) hat weniger entfernte Lamellen und kleinere Sporen. Außerdem gibt es noch eine Reihe von ähnlichen Arten, deren Fleisch schwarz verfärbt, z. B. der etwas heller braune Breitblättrige Wasserkopf (*Cortinarius crassifolius* [Vel.] Kühner & Romagnesi).

Speisewert: Der Dunkelbraune Gürtelfuß ist nicht genießbar.

Sparriger Rauhkopf
Cortinarius humicola (Quél.) R. Maire
Synonyme: –

D: Sparriger Rauhkopf. E: Cortinarius humicola. F: Cortinaire terrestre. I: Cortinario humicola.

Hut 3–8 cm, jung fast spitzkegelig, später abgeflacht, auf gelbem Grund mit gelbbraunen sparrig abstehenden Schuppen. Lamellen entfernt, jung gelblich, später bräunlich. Stiel spindelig verjüngend, gelblich, Spitze glatt, darunter mit gelbbraunen sparrig abstehenden Schuppen wie am Hut. Fleisch blaß. Geruch unbedeutend. In Laubwäldern, bei Buchen, nicht häufig.

Verwechslungsmöglichkeiten: Der Sparrige Rauhkopf ist durch seinen schuppigen Hut und Stiel ein untypischer Vertreter der Schleierlinge. Er könnte mit dem Sparrigen Schüppling (*Pholiota squarrosa* [Weig.: Fr.] Kumm.) verwechselt werden. Dieser ist aber ein typischer Vertreter der Schüpplinge (Gattung *Pholiota*) und wächst büschelig auf Holz.

Speisewert: Der Sparrige Rauhkopf ist giftverdächtig.

Anis-Klumpfuß
Cortinarius odorifer Britz.

Synonyme: –

D: Anis-Klumpfuß. E: Anis Cortinarius. F: Cortinaire parfumé. I: Cortinario all'odor d'anice.

Hut 3–10 cm, schmierig, bei feuchtem Wetter auch mit dicker Schleimschicht, kupferfarben, fuchsig, rotbraun. Lamellen jung gelblich, später bräunlich. Stiel mit gerandeter Knolle, zuerst gelblich wie die Lamellen, dann dunkler, mit kupferbraunen Velumzonen am Knollenrand. Fleisch gelblich bis gelbgrünlich. Geruch angenehm anisartig. In Gebirgsnadelwäldern, auf Kalk, häufig.

Verwechslungsmöglichkeiten: Der Anis-Klumpfuß ist an seinem anisartigen Geruch eindeutig von ähnlichen Klumpfüßen zu unterscheiden. Dieser Geruch fehlt dem ähnlichen Blutroten Klumpfuß (*Cortinarius orichalceus* Fr.), der dunklere rote Farbtöne im Hut und ein weißes Fleisch besitzt. Zu Verwechslungen könnte es auch mit dem Würzigen Schleimkopf (*Cortinarius percomis* Fr.) kommen, der einen majoranartigen Geruch und einen keuligen Stiel ohne gerandete Knolle hat.

Speisewert: Der Anis-Klumpfuß ist eßbar, er schmeckt allerdings nach Anis und wird daher als minderwertig betrachtet.

Spitzkegeliger Rauhkopf
Cortinarius orellanoides Henry

Synonyme: Cortinarius speciosissimus Kühn. & Romagn.

D: Spitzkegeliger Rauhkopf, Spitzbuckeliger Orangeschleierling. E: Sorrel webcap. F: Cortinaire tres elegant. I: Cortinario orallanoides.

Hut 2–6 cm, spitzkegelig bis gewölbt, filzig, orangefuchsig bis rostbraun. Cortina flüchtig. Lamellen ausgebuchtet angewachsen, dicklich, ähnlich wie die Hutoberfläche gefärbt. Stiel dem Hut gleichfarben, mit zitronengelben Velumgürteln. Fleisch orangeockerlich, Geruch fehlend bis leicht retticharting. NICHT KOSTEN! In Nadelwäldern, meist am Boden, aber auch an morschem Holz.

Verwechslungsmöglichkeiten: Ist der Spitzkegelige Rauhkopf typisch ausgebildet, kann er am spitzkegeligen Hut, am gegürtelten Stiel und an den orangefuchsigen Farben erkannt werden. Untypischere Exemplare können mit dem ebenfalls Nierenversagen hervorrufenden Orangefuchsigen Rauhkopf (*Cortinarius orellanus* Fr.) verwechselt werden (kein spitzkegeliger Hut, kein Velumgürtel am Stiel). Dieser gefährliche Giftpilz wurde verwechselt mit dem Hallimasch (*Armillaria mellea*, weiße bis cremefarbene Lamellen, beringter Stiel mit feinen Flöckchen). Der Spitzkegelige Rauhkopf ist auch verwechselbar mit dem eßbaren Kupferroten Gelbfuß (*Chroogomphus rutilus*, hat herablaufende, dicklike Lamellen, einen sich verjüngenden Stiel).

Speisewert: Nierenversagen nach 2–17 Tagen.

Lila Dickfuß
Cortinarius traganus Fr.
Synonyme: –

D: Lila Dickfuß. E: Lilac conifer Cortinarius. F: Cortinaire a odeur de bouc. I: Cortinario a odor di caprone.

Hut 3–10 cm, glimmerig-seidig, lebhaft lilaviolett, alt verblassend. Cortina flüchtig. Lamellen jung safranocker bis bräunlich. Stiel 6–10 x 1–3 m, keulig, lebhaft lilaviolett. Fleisch gelbbraun, Geruch unangenehm nach Acetylen. Geschmack unangenehm. In Nadelwäldern, häufig.

Verwechslungsmöglichkeiten: Der Lila Dickfuß gehört in die Untergattung *Sericeocybe*, eine Gruppe von Cortinarien, die trockene, seidig-glimmerige Hüte aufweisen. Der ähnliche Bocks-Dickfuß (*Cortinarius camphoratus* Fr.) hat violettes Fleisch und riecht süßlich spirituös, nach faulenden Kartoffeln oder nach Bock. *Cortinarius amethystinus* Schaeff.: Quél riecht nach verbranntem Horn und hat blaulila bis amethystfarbene Fruchtkörper. Andere violette Vertreter der Untergattung *Sericeocybe* haben meist keinen so ausgeprägten Geruch oder riechen nach Rettich. Es gibt noch eine Vielzahl von violetten Schleierlingsarten, die aber aufgrund ihrer schleimigen Hüte in andere Untergattungen gehören, und zwar zu den Schleimköpfen oder Klumpfüßen (Untergattung *Phlegmacium*) oder zu den Schleimfüßen (Untergattung *Myxacium*).

Speisewert: Der Lila Dickfuß ist giftig, er ruft Übelkeit und Erbrechen hervor.

Ziegelgelber Schleimkopf
Cortinarius varius Fr.

Synonyme: –

D: Ziegelgelber Schleimkopf. E: Colourful webcap. F: Cortinaire varié. I: Cortinario vario.

Hut 3–10 cm, schmierig, semmelgelb bis fuchsig. Lamellen jung violett, später bräunlich. Stiel keulig, weißlich, mit weißen Velumzonen. Fleisch blaß. Geruch unauffällig. In Gebirgsnadelwäldern, auf Kalk, häufig.

Verwechslungsmöglichkeiten: Der Ziegelgelbe Schleimkopf gehört zu den Schleimköpfen (Untergattung *Phlegmacium*), die sich von den Schleimfüßen (Untergattunge *Myxacium*) durch nicht schmierige, sondern trockene Stiele unterscheiden. Typisch für den Ziegelgelben Schleimkopf sind die semmelfarbenen Hüte, in Kombination mit violetten Lamellen und einem keuligen Stiel. Eine ähnliche Art mit gerandeter Knolle ist der Amethystblättrige Klumpfuß (*Cortinarius callochrous* [Pers.] Fr.). Der Würzige Schleimkopf (*Cortinarius percomis* Fr.) unterscheidet sich durch zitronengelbe Farben in Fleisch, Stiel und Lamellen und durch einen angenehm gewürzartigen Geruch.

Speisewert: Der Ziegelgelbe Schleimkopf ist eßbar.

Gift-Häubling
Galerina marginata (Fr.) Kühn.

Synonyme: *Pholiota marginata* (Batsch.: Fr.) Quél.

D: Gift-Häubling, Nadelholzhäubling. E: marginate Pholiota. F: galére marginée. I: Galerina marginata.

Hut 1–5 cm, hygrophan, ockerbraun bis gelbbraun, Rand leicht gerieft. Lamellen gelbbraun bis rostbraun. Stiel zuerst ockerbraun wie der Hut, abwärts dunkler braun, mit häutigem Ring, unterhalb dieses oft undeutlichen Rings glatt oder weißlich überfasert, aber nicht schuppig. Fleisch ockergelb, im Stiel bräunlich. Geruch und Geschmack mehlig-ranzig. Meist einzeln oder in kleinen Gruppen an Nadelholzstrünken, häufig.

Verwechslungsmöglichkeiten: Zu Vergiftungsfällen kommt es meist, wenn der Gift-Häubling mit dem Stockschwämmchen verwechselt wird: Junge, nicht abgegriffene Stockschwämmchen (*Kuehneromyces mutabilis*) haben unterhalb des Rings Schüppchen, die dem gefährlichen Gift-Häubling fehlen. Außerdem sind die Hüte des Stockschwämmchens meist größer (bis 6 cm Durchmesser), der Geschmack und der Geruch sind nicht ranzig wie beim Gift-Häubling, sondern angenehm pilzartig. Außerdem kann der Gift-Häubling mit anderen, ebenfalls giftigen Häublingsarten verwechselt werden: Es gibt mehrere an Holz wachsende Arten, die einander sehr ähnlich sind und zumeist nur aufgrund mikroskopischer Merkmale unterschieden werden können.

Speisewert: Der Gift-Häubling enthält Amatoxine und kann tödliche Vergiftungen hervorrufen.

Stockschwämmchen
Kuehneromyces mutabilis (Schaeff.: Fr.) Singer & A. H. Smith

Synonyme: Pholiota mutabilis (Schaeff.: Fr.) Kumner

D: Stockschwämmchen. E: Changeable Pholiota. F: Pholiote changeante. I: Foliota a colore mutevole.

Hut 2–6 (–10) cm, stark hygrophan, zuerst ocker bis graubraun, dann von der Mitte her ockerlich ausblassend. Lamellen blaß, dann tonbraun bis rostbraun. Stiel unter dem aufsteigenden Ring sparrig-schuppig. Fleisch blaß. Geruch und Geschmack angenehm pilzartig. Büschelig meist an Strünken von Laub- oder Nadelholz, häufig.

Verwechslungsmöglichkeiten: Das Stockschwämmchen kann mit dem gefährlichen Gift-Häubling (*Galerina marginata*) verwechselt werden. Dieser giftige Doppelgänger wächst aber normalerweise nicht büschelig, hat einen glatten Stiel und riecht, vor allem wenn man den Pilz zwischen den Fingern zerdrückt, mehlig-ranzig. Außerdem kann man das Stockschwämmchen mit Schwefelköpfen verwechseln. Der giftige Grünblättrige Schwefelkopf (*Hypholoma fasciculare*) hat jung grünliche Lamellen, gelbes Fleisch, einen glatten Stiel und schmeckt bitter.

Speisewert: Das Stockschwämmchen ist ein sehr guter Speisepilz.

Zigeuner
Rozites caperatus (Pers.) Karst.
Synonyme: –

D: Zigeuner, Reifpilz, Runzelschüppling. E: Gypsy nitecap. F: Pholiote ridée. I: Foliota grinzosa.

Hut 4–10 cm, gelblich, ocker bis hellbraun, radialrunzelig, Hutmitte jung von weißlichem oder blaß violettlichem Velum überzogen, wodurch der Hut bereift aussieht. Lamellen mit gekerbter Schneide, blaß tonfarben bis rostgelb, gelegentlich mit violettlichem Schimmer. Stiel weißlich bis beige, mit schmalem, gerieftem, weißlichem Ring. Fleisch weißlich. Geruch und Geschmack unauffällig. In Nadelwäldern, häufig.

Verwechslungsmöglichkeiten: Der Zigeuner ist durch den runzeligen, bereiften Hut und den beringten Stiel leicht zu erkennen.

Speisewert: Der Zigeuner ist an und für sich ein guter Speisepilz. Aufgrund der Fähigkeit dieses Pilzes, radioaktives Cäsium in großen Mengen zu akkumulieren, sollte er jedoch nicht oder nur in kleinen Mengen verspeist werden.

Pilzbeschreibungen

Blätterpilze
mit grünen oder grauen bis schwärzlichen Lamellen

Faltentintling
Coprinus atramentarius (Bull.) Fr.
Synonyme: –

D: Faltentintling, Knotentintling, Grauer Tintling. E: Inky cap, Grea ink cap. F: coprin atramentaire, coprin noire d'encrey. I: fong del sagar, fong della salezza, pisciacan, agarico atramentario.

Hut walzenförmig bis glockig, 3–8 cm hoch und 1,5–3 cm dick, grau bis graubraun, glatt, jung in Hutmitte mit abwischbaren Schüppchen, Rand gerieft faltig. Lamellen sehr eng, weiß, dann rosa und schließlich schwarz zerfließend. Stiel grau, heller als der Hut, ohne Ring, hohl. Fleisch weiß, Geruch und Geschmack pilzartig. Sporen schwarz, bei Zersetzung des Fruchtkörpers als tintige, schwarze Masse herabfließend. Auf gedüngten Wiesen, an Wegrändern, auf Schuttplätzen, stickstoffliebend, häufig.

Verwechslungsmöglichkeiten: Die Gruppe der Tintlinge kann leicht an ihren schnell zu schwarzer Flüssigkeit zerfließenden Lamellen erkannt werden. Verwechslungen können innerhalb der Tintlinge vorkommen. Die relativ großen Fruchtkörper des Faltentintlings werden aber meist nur mit dem eßbaren Schopftintling (*Coprinus comatus*) verwechselt, der schuppige Hüte aufweist.

Speisewert: Der Faltentintling enthält den Giftstoff Coprin und führt in Kombination mit Alkohol zu Vergiftungen. Da aber auch Vergiftungen durch nachfolgenden Genuß von Kaffee bekannt wurden, muß allgemein vom Genuß der Faltentintlinge abgeraten werden.

Schopftintling
Coprinus comatus (Muell.: Fr.) Gray.
Synonyme: –

D: Schopftintling. E: Shaggy mane. F: Coprin chevelu. I: Agarico chiomato, Coprino chiomato.

Hut walzenförmig, 5–12 cm hoch und 1,5–5 cm dick, weiß, mit sparrig abstehenden Schüppchen. Lamellen sehr eng, weiß, dann rosa und schließlich schwarz zerfließend. Stiel weiß, mit leicht abfallendem Ring, hohl. Fleisch weiß, Geruch und Geschmack angenehm würzig. Sporen schwarz, bei der Zersetzung des Fruchtkörpers als tintige, schwarze Masse herabfließend. Auf gedüngten Wiesen, an Wegrändern, auf Schuttplätzen, stickstoffliebend, häufig.

Verwechslungsmöglichkeiten: Tintlinge sind wegen ihrer schnellen Selbstzersetzung zu einem tintenartigen Saft leicht zu erkennen. Verwechslungen kommen normalerweise nur zwischen Tintlingsarten vor. Der Großsporige Dungtintling (*Coprinus sterquilinus* [Fr.] Fr.) sieht aus wie eine Miniaturausgabe des Schopftintlings. Der Hut ist noch struppiger und schwärzt schneller. Gelegentlich wird der in Kombination mit Alkohol giftige Faltentintling (*Coprinus atramentarius*) mit dem Schopftintling verwechselt: Der Faltentintling unterscheidet sich durch den nicht schuppigen, dafür faltigen Hut und durch das Fehlen eines Rings deutlich vom Schopftintling. Die übrigen Tintlingsarten sind meist deutlich kleiner.

Speisewert: Der Schopftintling (*Coprinus comatus*) ist ein guter bis ausgezeichneter Speisepilz. Die Fruchtkörper zerfließen al-

lerdings sehr rasch und müssen daher so bald als möglich verkocht werden. Bereits schwarze oder gar zerfließende Pilze sollten nicht mehr gegessen werden. Andere Tintlingsarten sind in Kombination mit Alkohol giftig oder sollten aufgrund der geringen Kenntnisse, die über die Genießbarkeit der zumeist kleinen Arten vorliegen, nicht verzehrt werden.

Spechttintling
Coprinus picaceus (Bull.: Fr.) S. F. Gray

Synonyme: –

D: Spechttintling. E: Magpie inkcap. F: Coprin noir e blanc, Coprin pie. I: Coprino del picchio.

Hut 5–10 cm, eiförmig bis kegelig, schwarzbraun, mit üppigen weißen Velumflocken, die dem Hut ein Aussehen wie ein Spechtgefieder verleihen. Lamellen dichtstehend, im Alter tintenartig zerfließend. Stiel 10–15 x 1–2 cm, leicht keulenförmig, weißlich bereift. Geruch im Alter teer- oder naphtalinartig. In Buchenwäldern auf Kalk, nicht häufig.

Verwechslungsmöglichkeiten: Der kleine Kohlentintling (*Coprinus gonophyllus* Quél) ist viel kleiner und kommt an alten Brandstellen vor.

Speisewert: Nicht eßbar.

Grünblättriger Schwefelkopf
Hypholoma fasciculare (Huds.: Fr.) Kumm.

Synonyme: Naematoloma fasciculare (Huds.: Fr.) Karst.

D: Grünblättriger Schwefelkopf. E: sulphur tuft. F: hypholome en touffe; agaric doré. I: Falso chiodino zolfino, Ifoloma fasciculato.

Hut 3–7 cm, grünlich bis schwefelgelb, mit fuchsigem Scheitel. Lamellen schwefelgelb, dann grünlich bis grünbraun. Stiel schwefelgelb, zur Basis hin bräunlich. Fleisch schwefelgelb. Geruch unauffällig, Geschmack bitter. Büschelig an Strünken, häufig.

Verwechslungsmöglichkeiten: Verwechslungen mit dem eßbaren Rauchblättrigen Schwefelkopf (*Hypholoma capnoides* (Fr.) Kumm.) können ausgeschlossen werden, wenn man auf die folgenden Unterscheidungsmerkmale achtet: Dem orangebräunlichen Rauchblättrigen Schwefelkopf fehlen die schwefelgelben Farben völlig, die Lamellen sind bei jungen Fruchtkörpern ockergelblich und verfärben später rauchgrau. Weiters ist der Rauchblättrige Schwefelkopf mild. Auch der Ziegelrote Schwefelkopf (*Hypholoma sublateritium* [Fr.] Quél.) ist bitter und giftig, dieser ziegelrote Pilz ist jedoch aufgrund seiner Hutfarbe und der gelben Lamellen gut von den beiden vorigen Arten zu unterscheiden.

Speisewert: Der Grünblättrige Schwefelkopf ist giftig.

Pilzbeschreibungen

Pilze mit Leisten

Eierschwamm
Cantharellus cibarius Fr.
Synonyme: –

D: Eierschwamm, Pfifferling. E: Golden Cantharelle. F: Chantarelle comestible, girole. I: Gallinaccio, Giallino.

Fruchtkörper kreiselförmig, 2–10 cm, Oberfläche glatt, eigelb, später ausblassend. Fruchtschicht aus aderigen Leisten bestehend, die am Stiel herablaufen. Stiel glatt, dottergelb. Fleisch fest, dottergelb bis weißlich, Geruch angenehm, etwas fruchtig nach Marillen, Geschmack mild. In Nadel- und Laubwäldern, häufig.

Verwechslungsmöglichkeiten: Der Eierschwamm kann mit dem Falschen Pfifferling (*Hygrophoropsis aurantiaca* [Wulf.: Fr.] Schroet.) verwechselt werden. Dieser hat mehr orange Farben, die Fruchtkörper sind weichfleischig und haben dünne, gegabelte Lamellen und keine dicken Leisten wie der Eierschwamm.

Der Falsche Pfifferling ist gut gekocht eßbar, kann aber zu Unverträglichkeitsreaktionen führen.

Speisewert: Der Eierschwamm ist ein ausgezeichneter Speisepilz, er ist allerdings schwer verdaulich.

Trompetenpfifferling
Cantharellus tubaeformis (Bull.) Fr.

Synonyme: –

D: Trompetenpfifferling, Gelbe Kraterelle. E: Funnel Cantharelle. F: Chantarelle en trompette. I: Cantarello giallo.

Fruchtkörper kreiselförmig, 2–6 cm, Hutmitte bald nabelig, Hutrand wellig, Oberfläche feinfaserig, gelbbraun. Fruchtschicht aus gelblich-grauen, verzweigten Leisten bestehend, die am Stiel herablaufen. Stiel gleichfarben, glatt, hohl. Fleisch dünn. Geruch unauffällig, Geschmack mild. In feuchten Nadelwäldern, im Herbst häufig.

Verwechslungsmöglichkeiten: Der Trompetenpfifferling kann mit anderen, ebenfalls eßbaren Leistlingen bzw. Kraterellen verwechselt werden: Der Starkriechende Pfifferling (*Cantharellus lutescens* [Pers.] Fr.) ist etwas deutlicher orangegelb und hat an der Hutunterseite nur sehr wenig ausgeprägte Leisten oder Runzeln sowie einen auffallenden, fruchtigen Geruch. Bei der graubraunen Totentrompete (*Craterellus cornucopioides*) bilden die hohlen Fruchtkörper eine trompetenartige Röhre. Auch dieser Pilz ist trotz seines abschreckenden Namens eßbar.

Speisewert: Der Trompetenpfifferling ist ein guter Speisepilz.

Totentrompete
Craterellus cornucopioides (L.) Pers.
Synonyme: –

D: Totentrompete, Herbsttrompete. E: Horn of Plenty. F: Chantarelle corne d'abondance, Trompette des morts. I: Trombetta da morto.

Fruchtkörper 5–15 cm, kreiselförmig, hohl, mit wellig verbogenem Hutrand, dadurch wirken sie wie Trompeten, überall graubraun, alt schwarz. Oberfläche feinschuppig. Hutunterseite glatt bis undeutlich aderig. Stiel glatt, hohl, gleichfarben. Fleisch gräulich, dünn. Geruch unauffällig, Geschmack mild. In Laub- und Nadelwäldern, häufig.

Verwechslungsmöglichkeiten: Die Totentrompete kann an ihren düsteren Farben und an der trompetenartigen Form gut erkannt werden. Der seltenere Graue Leistling (*Cantharellus cinereus* Pers.) trägt an der Hutunterseite deutliche, lamellenähnliche Leisten. Der Vollstielige Leistling (*Pseudocraterellus sinuosus* [Fr.] Corner) hat einen vollen Stiel und blaß aschgraue Hüte mit wellig-krausem Rand.

Speisewert: Die Totentrompete ist ein beliebter, sehr würziger Speisepilz.

Schweinsohr
Gomphus clavatus (Pers.: Fr.) S. F. Gray

Synonyme: Neurophyllum clavatum (Pers.: Fr.) Pat.

D: Schweinsohr. E: Pig's ear. F: Chantarelle en massue, Chantarelle violette. I: Cantarello violaceo.

Fruchtkörper 2–4 cm, kreiselförmig, mit wellig verbogenem Rand. Ockerlich, lilaviolett oder purpurrosa. Hymenium leistenförmig-aderig, purpurviolett, bei Reife vom Sporenstaub ockerlich getönt. Stiel kurz, zur Basis verjüngt, blaßlila. Fleisch weiß. Geruch unauffällig, Geschmack süßlich. In Gerbirgswäldern unter Laub- und Nadelbäumen, selten.

Verwechslungsmöglichkeiten: Das Schweinsohr ist durch seine eigenwillige Form und Farbe kaum zu verwechseln.

Speisewert: Das Schweinsohr ist ein feinschmeckender Speisepilz, der wegen seiner Seltenheit geschützt werden sollte.

Pilzbeschreibungen

Andere Pilze

Schafeuter
Albatrellus ovinus (Schaeff.) Kotl. & Pouzar

Synonyme: –

D: Schafeuter, Schafporling. E: Sheep polypore. F: Polypore des brebis. I: Fungo del pane.

Hut 4–10 cm, unregelmäßig, jung weiß, aber bald blaßgelb bis bräunlich, die Oberfläche kann felderig aufbrechen. Fruchtschicht aus sehr kurzen und engen Röhren bestehend, die am Stiel herablaufen. Stiel weiß bis gelblich. Fleisch weiß, etwas mürb. Geruch und Geschmack angenehm pilzartig. In Nadelwäldern, verbreitet.

Verwechslungsmöglichkeiten: Das Schafeuter kann mit dem ebenfalls genießbaren Semmelporling (*Albatrellus confluens* [Alb. & Schwein.: Fr.] Kotl. & Pouzar) verwechselt werden, der jedoch semmelfarbene Hüte und ein leicht bitteres Fleisch hat.

Speisewert: Junge Fruchtkörper sind genießbar.

Frühjahrslorchel
Gyromitra esculenta (Pers.: Fr.) Fr.
Synonyme: –

D: Frühjahrslorchel, Giftlorchel, Stocklorchel. E: brain mushroom, edible gyromitra, false morel. F: gyromitre comestible, moricaude, morillon. I: giromitra esculenta, spongino, spugnola falsa.

Hut 3–10 cm, rundlich, mit hirnartig gewundenen Falten und Wülsten, Hutrand meist in den Stiel übergehend, rot- bis schwarzbraun. Stiel relativ kurz, weiß oder weißlich, Oberfläche fast glatt oder mit unregelmäßigen Längsfalten, weißfilzig bereift. Fleisch weiß, Geruch und Geschmack angenehm. Im Frühling (März–Mai). In Nadelwäldern auf sandigen Böden oder bei Holzabfällen.

Verwechslungsmöglichkeiten: Die Frühjahrs- oder Giftlorchel ist aufgrund ihres Erscheinens im Frühjahr und ihrer hirnartigen Falten und Wülste am Hut gut charakterisiert. Verwechselt werden kann die Frühjahrslorchel mit den anderen im Frühling fruktifizierenden *Gyromitra*-Arten: Die Riesenstocklorchel (*Discina gigas*) wächst normalerweise auf oder an Nadelholzstümpfen und hat außerdem größere, netzig ornamentierte Sporen; *Gyromitra fastigiata* (Zipfellorchel) hat einen sattelförmig eingesenkten und zugleich in 2–3 Lappen ausgezogenen Hut. Auch die Verpeln und die Morcheln kommen ebenfalls im Frühjahr vor. Die Hüte der als Speisepilze sehr geschätzten Morcheln (*Morchella* sp.) sind wabenartig, die Fruchtkörper sind vollkommen hohl; die Verpeln (*Verpa* sp.) haben glockenartig über den

Stiel gestülpte, mehr oder weniger glatte Hüte und sind meist kleiner.

Speisewert: Die Frühjahrslorchel ist ein oft unterschätzter Giftpilz, der tödliche Vergiftungen hervorrufen kann. Auch nach Vorbehandlung, wie sie in manchen Pilzbüchern empfohlen wird, ist vom Verzehr abzuraten! Wegen des köstlichen Aromas wurde und wird die Frühjahrslorchel auch heute noch gegessen, obwohl schon im 18. Jahrhundert über Vergiftungen berichtet wurde. Die meisten schweren Pilzvergiftungen treten nach dem Genuß roher oder ungenügend gekochter Frühjahrslorcheln auf, während nach entsprechender Vorbehandlung (Trocknen, dann zweimaliges Abkochen mit Wegschütten des Kochwassers) akute Vergiftungen seltener sind oder milder verlaufen. Es besteht außerdem der Verdacht, daß jahrelanger Genuß von auch vorschriftsmäßig abgekochten Frühjahrslorcheln komplexe allergische Reaktionen auslösen kann. Giftstoff: Gyromitrin.

Herbstlorchel
Helvella crispa Fr.

Synonyme: Helvella pithyophila Boud. Krause Lorchel

D: *Herbstlorchel, Krause Lorchel.* E: *Wavy Lorchel, Saddle Back.* F: *Helvelle crèpue.* I: *Helvella crispa.*

Hut 2–5 cm, sattelförmig mit 2–3 größeren Lappen, weißlich bis blaß-cremeockerlich. Hutunterseite fein flaumig. Stiel 6–15 x 2–4 cm, zylindrisch bis keulig, weißlich, mit tiefen Längsfurchen. Fleisch dünn, weiß. Geruch und Geschmack jung angenehm, bei alten Fruchtkörpern aufdringlich süßlich. In feuchten Laubwäldern und Gebüschen, meist erst im Herbst.

Verwechslungsmöglichkeiten: Die ebenfalls im Herbst wachsende Milchweiße Lorchel (*Helvella lactea* Boud.) ist kleiner. Die Grubenlorchel (*Helvella lacunosa* Afz.) weist dunkelgraue Farben mit zuweilen lila Beiton auf.

Speisewert: Roh sind alle Lorcheln giftig. Auch von dem Verzehr von vorschriftsmäßig abgekochten Lorcheln wird abgeraten (vgl. Frühjahrslorchel *Gyromitra esculenta*).

Semmelstoppelpilz
Hydnum repandum L.: Fr.

Synonyme: –

D: Semmelstoppelpilz. E: Hedgehog mushroom, Pig's trotter. F: Hydne sinuè, pied de mouton, barbe chèvre. I: Steccherino odorato, Falso gallinaccio.

Hut 4–10 cm, ganzer Fruchtkörper schön semmelfarben, blaßgelblich. Stiel oft etwas heller und seitlich am Hut inseriert. Fruchtschicht in Form von Zähnchen oder Stoppeln. Fleisch weißlich, Geschmack mild, bei älteren Exemplaren bitterlich. In Nadel- und Laubwäldern, häufig.

Verwechslungsmöglichkeiten: Semmelstoppelpilze sind durch die semmelfarbenen Fruchtkörper mit stoppelförmiger Fruchtschicht gut charakterisiert.

Speisewert: Junge Semmelstoppelpilze sind eßbar, ältere Exemplare werden zäh und bitter.

Spitzmorchel
Morchella conica Pers.
Synonyme: –

D: Spitzmorchel, Hohe Morchel. E: Pointed Morel. F: Morille élevée. I: Spugnola di primavera.

Fruchtkörper walzenförmig, bis zu 15 cm hoch, die obere Hälfte ist olivbraun und besteht aus einem zuspitzenden Hut, dessen Oberfläche mit Längs- und Querrippen bedeckt ist. Die Rippen bilden eine regelmäßig kammerige, wabenartige Oberfläche. Fruchtkörper innen hohl. Der Rand des Hutteils geht mit leichter Einstülpung unmittelbar in den Stiel über. Stiel weißlich bis creme, etwas runzelig. Konsistenz brüchig. Geruch und Geschmack angenehm pilzartig. Im Frühling. In Laub- und Nadelwäldern, auf Schuttplätzen, in Parkanlagen, verbreitet.

Verwechslungsmöglichkeiten: Spitzmorcheln sind, besonders was Größe und Farbe anbelangt, sehr veränderlich. Kennzeichnend sind die längs ausgerichteten Hutrippen, die mit den vielen Querverbindungen regelmäßige Kammern bilden. Bei der etwas heller ockerfarbenen Speisemorchel (*Morchella esculenta* Pers.: St. Amans) bilden die Hutrippen ein unregelmäßiges Wabenmuster. Bei der ebenfalls eßbaren Halbfreien Morchel (*Mitrophora semilibera* [DC.: Fr.] Lév.) sind die Hutkanten der wabenförmigen Hüte nicht mit dem Stiel verwachsen. Giftige Doppelgänger der Morcheln sind die ebenfalls im Frühjahr vorkommenden Frühjahrslorcheln (*Gyromitra*; unregelmäßige hirnartige Falten und Wülste am Hut; nicht ganz hohl).

Speisewert: Die Spitzmorchel ist ein ausgezeichneter Speisepilz.

Habichtspilz
Sarcodon imbricatum (L.) Karst.
Synonyme: –

D: Habichtspilz. E: scaly hydnum. F: Sarcodon imbriquè. I: Steccherino bruno, Steccherino falso.

Hut 10–30 cm, kreiselförmig, Oberfläche mit groben, aufgerichteten schwarzbraunen Schuppen, die wie ein Habichts-Gefieder wirken. Stacheln bräunlich, am Stiel herablaufend. Fleisch fest, holzfarben, in der Stielbasis leicht bräunlich. Geruch und Geschmack würzig. In Nadelwäldern, häufig.

Verwechslungsmöglichkeiten: Der Habichtspilz kann mit anderen, selteneren Stachelingen verwechselt werden: Der Gallenstacheling (*Sarcodon scabrosus* [Fr.] P. Karst.) ist bitter, hat weniger deutlich ausgeprägte, anliegende Hutschuppen und eine blau- bis schwärzliche Stielbasis.

Speisewert: Der Habichtspilz ist jung eßbar, eignet sich aber aufgrund des intensiven Geschmacks am besten als Gewürzpilz.

Register der lateinischen Pilznamen und der Synonyme

A

Agaricus arvensis Schäff. 106
Agaricus bitorquis (Quél.) Sacc. 108
Agaricus edulis (Vitt.) Pilát 108
Agaricus sanguinarius Karst. 109
Agaricus silvaticus Schaeff. 109
Albatrellus ovinus (Schaeff.) Kotl. & Pouzar 134
Amanita citrina (Schaeff.) Pers. 68
Amanita crocea (Quél.) Sing. 70
Amanita excelsa (Fr.) Bert. 76
Amanita mappa (Batsch) Quél. 68
Amanita muscaria (L.: Fr.) Hooker 71
Amanita pantherina (2DC.: Fr.) Krombholz 72
Amanita phalloides (Vaill.) Secr. 74
Amanita rubescens (Pers.: Fr.) S. F. Gray 78
Amanita spissa (Fr.) Kumm. 76
Amanita submembranacea (Bon) Gröger 77
Amanita vaginata (Bull.: Fr.) Vitt. 79
Amanita virosa Lamark 81
Armillaria mellea (Vahl) Kumm. ss. lato 90

B

Boletinus cavipes (Klotzsch.: Fr.) Kalch. 20
Boletus albus Peck 37
Boletus badius (Fr.) Fr. 44
Boletus bulbosus Schaeff. 22
Boletus calopus Fr. 21
Boletus cavipes Opat 20
Boletus cembrae Studer 38
Boletus chryenteron Bull. 45
Boletus edulis Bull.: Fr. 22
Boletus erythropus (Fr.: Fr.) Pers. 23
Boletus felleus Bull. 43
Boletus foetidus Trog. 25
Boletus fusipes Heufl. 37
Boletus granulatus L.: Fr. 34
Boletus lorinseri Beck 24
Boletus luridiformis Rostk. 24
Boletus luridus Schaeff.: Fr. 24
Boletus marmorens Rocques 25
Boletus miniatoporus Secr. 23
Boletus pachypus auct. plur. 21
Boletus parasiticus Bull.: Fr. 46
Boletus piperatus Bull. 26
Boletus plorans Roll. 38
Boletus satanas Lenz 25
Boletus sordarius 24
Boletus subtomentosus L.: Fr. 47
Boletus tridentinus Bres. 40
Boletus variegatus Swartz 41

C

Calocybe gambosa (Fr.) Donk 91
Cantharellus cibarius Fr. 128
Cantharellus tubaeformis (Bull.) Fr. 129
Chalciporus piperatus (Bull.: Fr.) Bat. 26
Clitocybe gibba (Pers.) Kumm. 92
Clitocybe infundibuliformis ss. auct. 92
Clitocybe nebularis (Batsch: Fr.) Kumm. 96
Clitopilus prunulus (Scop.: Fr.) Kumm. 110
Coprinus atramentarius (Bull.) Fr. 122
Coprinus comatus (Muell.: Fr.) Gray. 123
Coprinus picaceus (Bull.: Fr.) S. F. Gray 125
Cortinarius armillatus (Fr.) Fr. 111
Cortinarius brunneus Fr. 112
Cortinarius humicola (Quél.) R. Maire 113
Cortinarius odorifer Britz. 114
Cortinarius orellanoides Henry 115
Cortinarius speciosissimus Kühn. & Romagn. 115
Cortinarius traganus Fr. 116
Cortinarius varius Fr. 117
Craterellus cornucopioides (L.) Pers. 130
Cystoderma amianthinum (Scop.) Fayod 93

G

Galerina marginata (Fr.) Kühn. 118
Gomphus clavatus (Pers.: Fr.) S. F. Gray 131
Gymnopus confluens (Pers.) Antonín, Halling & Noor 94
Gyrodon lividus (Bull.: Fr.) Karst. 27
Gyromitra esculenta (Pers.: Fr.) Fr. 135

H

Helvella crispa Fr. 137
Helvella pithyophila Boud. Krause Lorchel 137
Hydnum repandum L.: Fr. 138
Hygrophorus marzuolus (Fr.) Bres. 95
Hypholoma fasciculare (Huds.: Fr.) Kumm. 126

K

Kuehneromyces mutabilis (Schaeff.: Fr.) Singer & A 119

L

Lactarius acris (Bolt.: Fr.) S. F. Gray 50
Lactarius deliciosus (L.: Fr.) S. F. Gray 51
Lactarius deterrimus Gröger 52
Lactarius lactifluus (Schaeff.) Quél. 58
Lactarius picinus Fr. 53
Lactarius pinicola (Smotl.) Z. Schaefer 51
Lactarius piperatus (Fr.) S. F. Gray 54
Lactarius rufus (Scop.: Fr.) Fr. 55
Lactarius scrobiculatus (Scop.: Fr.) Fr. 56
Lactarius torminosus (Schaeff.: Fr.) Pers. 57
Lactarius volemus (Fr.) Fr. 58
Leccinum holopus (Rostk.) Watl. 28
Leccinum niveum (Fr.) Rauschert 28
Leccinum scabrum (Bull.: Fr.) S. F. Gray 29
Leccinum testaceoscabrum (Fr.) Snell 30
Leccinum versipelle (Fr.) Snell 30
Lepiota acutesquamosa (Weinm.) Gill. 82
Lepiota aspera (Pers.: Fr.) Quél. 82

Lepiota clypeolaria (Bull.: Fr.) Kumm. 83
Lepiota cristata (Bolt.: Fr.) Kumm. 84
Lepiota friesii (Lasch) Quél. 82
Lepista nebularis (Batsch: Fr.) Harmaja 96

M
Macrolepiota nympharum (Kalchbr.) Wasser 86
Macrolepiota procera (Fr.) Sing. 85
Macrolepiota puellaris (Fr.) M. M. Moser 86
Macrolepiota rachodes (Vitt.) Sing. 87
Mariaena bovina (L.) Sutara 33
Melanoleuca cognata (Fr.) K. & M. 97
Morchella conica Pers. 139

N
Naematoloma fasciculare (Huds.: Fr.) Karst. 126
Neurophyllum clavatum (Pers.: Fr.) Pat. 131

P
Paxillus involutus (Batsch) Fr. 98
Pholiota marginata (Batsch.: Fr.) Quél. 118
Pholiota mutabilis (Schaeff.: Fr.) Kumner 119
Porphyrellus porphyrosporus (Fr.) Gilb. 31
Porphyrellus pseudoscaber (Secr.) Sing. 31

R
Rhodocollybia butyracea forma asema (Fr.: Fr.) Ant 99

Rhodocollybia maculata (Alb. & Schwein.: Fr.) Sing 100
Rozites caperatus (Pers.) Karst. 120
Russula cyanoxantha (Schaeff.) Fr. 59
Russula emetica (Schaeff.: Fr.) Pers. 60
Russula erythropoda Pelt. 66
Russula integra (L.) Fr. 61
Russula laurocerasi Melzer 62
Russula nigricans Fr. 63
Russula paludosa Britz. 64
Russula polychroma Singer 61
Russula virescens (Schaeff.) Fr. 65
Russula xerampelina (Schaeff.) Fr. 66

S
Sarcodon imbricatum (L.) Karst. 140
Strobilomyces floccopus (Vahl.: Fr.) Karst. 32
Strobilomyces strobilaceus (Scop.: Fr.) 32
Suillus aeruginascens (Secr.) Snell. 42
Suillus bovinus (L.: Fr.) Roussel 33
Suillus elegans (Schum.) Snell 35
Suillus granulatus (L.: Fr.) Roussel 34
Suillus grevillei (Klotzsch.: Fr.) Sing. 35
Suillus laricinus (Berk.) O. Kuntze 42
Suillus luteus (L.: Fr.) Roussel 36
Suillus piperatus (Bull.: Fr.) O. Kuntze 26
Suillus placidus (Bonord) Sing. 37
Suillus plorans (Roll.) Sing. 38

Suillus sibiricus Sing. 39
Suillus tridentinus (Bres.) Sing. 40
Suillus variegatus (SW.: Fr.) Kuntze 41
Suillus viscidus (Fr. & Hök) S. Rauschert 42

T
Tricholoma saponaceum (Fr.) Kumm. 101
Tricholoma sulphureum Kumm. 102
Tricholoma terreum (Schaeff.) umm. 103
Tricholoma vaccinum (Pers.: Fr.) Kumm. 104
Tylopilus felleus (Bull.: Fr.) Karst. 43

X
Xerocomus badius (Fr.) Kühn ex Gilb. 44
Xerocomus chrysenteron (Bull. ex St. Amans) Quél. 45
Xerocomus parasiticus (Bull.: Fr.) Quél. 46
Xerocomus subtomentosus (L.: Fr.) Quél. 47

Register der englischen Pilznamen

A
Alder bolete 27
Almond bricklegill 62
Anis Cortinarius 114
Apple bricklegill 64

B
Banded Agaricus 108
Bay bolete 44
Best milkcap 58
Birch scaberstalk 29, 30
Bitter Bolete 21
Bitter boletus 43
Blackening Russula 63
Blushher 78
Blushing Amanita 78
Borin brown bolete 47
brain mushroom 135
brown cantharelle 98
Brown leather bricklegill 61
Brown webcap 112
Brown-Eyed Parasol 84
Butter coincap 99
Butter Slippery Jack 36

C
Changeable Pholiota 119
Cinnabar brackelet webcap 111
Cloudy Funnelcap 96
Colourful webcap 117
common paxillus 98
Coral milkcap 50
Cortinarius humicola 113
Cow Slippery Jack 33
Cracked-cap bolete 45

D
Dark red bricklegill 66
Deadly amanita 74
Death Angel 81

Death angel 74
Deathcap 74
Delicate amanita 68
Destroying Angel 81

E
edible gyromitra 135

F
False death cap 68
false morel 135
False orange 71
Fly agaric 71
Fly poison amanita 71
Forest funnelcap 92
Forest mushroom 109
Funnel Cantharelle 129
Fuzzy top 104

G
Gloomy bolete 31
Golden Cantharelle 128
Granulated bolete 34
Granulated slipper Jack 34
Grea ink cap 122
Green brittlegill 65
Grey amanita 76
Grey Larch Slippery Jack 42
Grisette 79
Gypsy nitecap 120

H
Hedgehog mushroom 138
Hollow Feet 20
Hollow stalk 20
Honey mushroom 90
Horn of Plenty 130
Horse mushroom 106

I
Inky cap 122
inrolled paxillus 98
Ivory Slippery Jack 37

K
King bolete 22

L
Lilac conifer Cortinarius 116
Lurid boletus 24

M
Magpie inkcap 125
March mushroom 95
marginate Pholiota 118
May cavalier 91
May mushroom 91
Mountain Grisette 77
Mouse tricholoma 103

N
naked brimcap 98
Napkin amanita 68
Nymph-Parasol 86

O
Old man of the woods 32
Orange-brown Amanita 70
Orange-brown Grisette 70

P
Panther 72
Panther cap 72
Parasite Bolete 46
Parasol mushroom 85
Pepper bolete 26
Pepper milkcap 54
Pig's ear 131
Pig's trotter 138
Pine Slippery Jack 38
Pointed Morel 139
poison paxillus 98
Porphyry bolete 31
Powderpuff milkcap 57

R
Red foot boletus 23
Redhot milkcap 55

S
Saddle Back 137
Saffron milkcap 51
Sand Slippery Jack 41
satanic boletus 25
Satan's mushroom 25
scaly hydnum 140
Scaly Parasol 82
Scrobiculate milkcap 56
Shagg Parasol 87
Shaggy mane 123
Sheated amanitopsis 79
Sheep polypore 134
Shield Parasol 83
Shrimp mushroom 66
Siberian Slipper Jack 39
Sickener 60
Soapy cavalier 101
Sooty milkcap 53
Sorrel webcap 115
Spotstalk 56
Spotted coincap 100
Spring Cavalier 97
Spruce milkcap 52
Sulphur cavalier 102
sulphur tuft 126
Sweetbread mushroom 110

T
Tamarack Jack 35
Trentinian Slipper Jack 40
Tufted coincap 94

U
Under oak mushroom 24
Unspotted grainy cap 93
Urban Agaricus 108

V
Variegated Russula 59

W
Wavy Lorchel 137
White scaberstalk 28

Register der französischen Pilznamen

A
aburon 54
Agaric a deux colliers 108
agaric bulbeux 74
Agaric des champs 106
Agaric des forźts 109
Agaric des jacŹres 106
agaric doré 126
agaric moucheté 71
amanita tue mouche 71
Amanite a étui 79
Amanite citrine 68
Amanite engaineé 79
Amanite épaisse 76
Amanite montagnard 77
amanite panthére 72
amanite phalloide 74
Amanite rougeatre 78
Amanite safran 70
Amanite sulfurine 68
Amanite vireuse 81
aricelous 22
Armillaire couleur de miel 90

B
Baguette de tambour 85
barbe chŹvre 138
barigoula 51
bise rouge 66
bolé 22
Bolet á chair jaune 45
Bolet a pied creux 20
Bolet á pied rouge 23
Bolet a spores pourpres 31
Bolet aa pied flocconeux 32
Bolet agŹable 37
Bolet amer 43
Bolet bai 44
Bolet blafard 24
Bolet changeant 30

Bolet comestible 22
Bolet de Sibźrie 39
Bolet des bouviers 33
Bolet faux scaber 31
bolet fiel 43
Bolet granulé 34
Bolét jaune 35
Bolet larmoyant 38
Bolet livide 27
Bolet moucheté 41
bolet ou cépe chicotin 43
Bolet ou cépe jaune 36
Bolet parasite 46
Bolet poivrź 26
Bolet pomme de pin 32
Bolet scabre 29
Bolet subtomenteux 47
Bolet tacheté 41
Bolet tout en pied 28
Bolet tridentine 40
Bolet visquex 42
Bolete á beau pied 21
Bolete satan 25
bolt de pin 34
bolt fol 24
boule de neige 106
brucq 22

C
calalos 57
cantharelle brune 98
cap mol 22
cép 22
cép blafard 24
cép des mélezes 35
cépe á odeur de chlore 41
cépe á pied rouge 45
cépe annulaire 36
cépe bai 44
cépe des bouviers 33
cépe des chataigniers 44
cépe diabolique 25
cépe jaune de pins 34
cépe mou 47

cépe pleurier 34
cépe tacheté 41
Chantarelle comestible 128
Chantarelle corne d'abond. 130
Chantarelle en massue 131
Chantarelle en trompette 129
Chantarelle violette 131
Clitocybe en form dént. 104
Clitocybe nébuleuse 96
Clitopile petite prune 110
Collybie butyracea 99
Collybie confluens 94
Collybie maculé 100
coprin atramentaire 122
Coprin chevelu 123
Coprin noir e blanc 125
coprin noire d'encrey 122
Coprin pie 125
Cortinaire ą bracelets 111
Cortinaire a odeur de bouc 116
Cortinaire brun 112
Cortinaire parfumé 114
Cortinaire terrestre 113
Cortinaire tres elegant 115
Cortinaire varié 117
crapaudin gris 72
cul de saoumo 24
Cystoderma amianthinum 93

E
essalon 22

F
fausse golomelle 72
fausse golomotte 72
fausse oronge 71
faux cep 24
fauxe cépe 43
fonge rous 34

G
galére marginée 118
girole 128
gros pied 22

gyrole 22
gyromitre comestible 135

H
Helvelle crźpue 137
Hydne sinuź 138
Hygrophore e mars 95
hypholome en touffe 126

L
Lactaire á fossettes 56
Lactaire á toison 57
Lactaire čcre 50
Lactaire couleus de poix 53
Lactaire delicieux 51
Lactaire des charbonniers 54
Lactaire grosse poire 58
Lactaire poivré 54
Lactaire roux 55
Lactaire trźs mauvais 52
Lépiote a crźte 84
Lépiote a écailles aigues 82
Lépiote clypeolaria 83
Lépiote déguenillée 87
Lépiote élevée 85
Lépiote puellaris 86

M
Melanoleuca cognata 97
meunier 110
michotte 22
moricaude 135
Morille élevée 139
morillon 135
moussar 22

N
nonett 34
nonette voilée 36

O
oignon de loup 24
oronge ciguet vert 74

P
palomet 65
panarole rouge 60
panthére 72
paxille enroulé 98
petite coulemell puante 84
Pholiote changeante 119
Pholiote ridée 120
pied de mouton 138
pinade 34
pinéde 36
pissoco 24
pochecan 36
Polypore des brebis 134
porchin 22

R
rougillon batard 61
Russula bleu e jaune 59
Russula cyanoxanthe 59
Russula noirissante 63
Russula verdoyante 65
Russule a odour de Laurier-C. 62
Russule des marais 64
Russule émétique 60
Russule feuille morte 66
Russule intégre ou entiére 61

S
salero 34
Sarcodon imbriquź 140
Satan 25

T
Tricholome ą odeur savon 101
Tricholome de St. Georges 91
Tricholome soufré 102
Tricholome triste 103
Trompette des morts 130

V
vache 58
verdet 65

Register der italienischen Pilznamen

A
Agarico a doppio anello 108
agarico atramentario 122
Agarico chiomato 123
Agarico citrino 68
Agarico nebbioso 96
agarico panterino 72
Agarico silvatico 109
Amanita crocea 70
Amanita falloide 74
Amanita muscaria 71
amanita panterina 72
Amanita rosseggiante 78
Amanita spissa 76

B
Boleto a pié cavo 20
Boleto a piede rosso 45
Boleto a pori aranci 40
Boleto a pori rossi 23
Boleto a spore rosse 31
Boleto badio 44
Boleto bepato 26
Boleto bovino 33
Boleto degli ontani 27
Boleto di fiele 43
Boleto elegante 35
Boleto granulato 34
Boleto lurido 24
Boleto luteo 36
Boleto parassita 46
Boleto piperato 26
Boleto placido 37
Boleto satana 25
Boleto sibirico 39
Boleto squamato 32
Boleto tridentino 40
Boleto variegato 41
Boleto vellutato 47
Boleto viscido 42

Boletus plorans 38
brisa 22
brisa matta 25
Bubbola maggiore 85
Bubbola ninfa 86
Bubbola rosseggiante 87
Bubbola squamata 87
Bubbolina montana 77
Bubbolina rigata 79

C
Cantarello giallo 129
Cantarello violaceo 131
ceppatello buono 22
Chiodino 90
Collibia butyracea 99
Collibia confluens 94
Collibia maculata 100
Colombina maggiore 59
Colombina rossa 60
Coprino chiomato 123
Coprino del picchio 125
Cortinario a odor di caprone 116
Cortinario all'odor d'anice 114
Cortinario armillato 111
Cortinario bruno 112
Cortinario humicola 113
Cortinario orallanoides 115
Cortinario vario 117
Cystoderma amianthinum 93

D
Dormiente 95

F
Falso chiodino zolfino 126
Falso gallinaccio 138
Famigliola buona 90
Foliota a colore mutevole 119
Foliota grinzosa 120
fong del sagar 122
fong della salezza 122
funghi di cerza 74
Fungo del pane 134

G
Galerina marginata 118
Gallinaccio 128
Giallino 128
giromitra esculenta 135

H
Helvella crispa 137

I
Ifoloma fasciculato 126

L
Lapacendro buono 51
Lapacendro rosso 55
Lappacendro del peccio 52
lardaru 25
Lattario a cappello nero 53
Lattario a lattice abbondante 58
Lattario butterato 56
Lattario corallo 50
Lattario del peccio 52
Lattario delizioso 51
Lattario pepato 54
Lattario torminoso 57
Lepiota aspera 82
Lepiota clypeolaria 83
Lepiota crestata 84

M
Mazza di tamburo 85
Melanoleuca cognata 97
Moretta 103
moscario 71

O
Ovolaccio 71
Ovolo maleficio rosso 71

P
Parasole 85
paxillo accartocciato 98
paxillo involuto 98
Peveraccio delle coloche 57

Pinarello 34
pisciacan 122
Porcinello 29
Porcinello a squame nere 30
Porcinello bianco 28
Porcino 22
Porcino a gambo rosso 21
porcino malefico 25
Prataiolo 106
Prugnolo bastardo 110

R
Russola annerente 63
Russola integra 61
Russola laurocerasi 62
Russola paludosa 64
Russola virescens 65
Russola xerampelina 66

S
spongino 135
Spugnola di primavera 139
spugnola falsa 135
Steccherino bruno (falso) 140
Steccherino odorato 138

T
terun 25
tigniosa grigia 76
tignosa bianca 81
tignosa bigia 72
tignosa bruna 72
tignosa dorata 71
tignosa gialla 68
tignosa paglierina 68
tignosa rigata 72
tignosa velenosa 74
tignosa verdogna 74
tignosa vinata 78
Tricholoma di San Giorgio 91
Tricoloma saponacea 101
Tricoloma sulfurea 102
Tricoloma vaccinum 104
Trombetta da morto 130

Register der deutschen Pilznamen

A

Amethystblättriger Klumpfuß 117
Amiant-Körnchenschirmling 93
Anis-Champignon 107
Anis-Klumpfuß 114
Apfeltäubling 64
Asphaltsprenger 108

B

Bärtiger Ritterling 104
Beringter Zirbenröhrling 37–39
Beschuhter Schirmling 83
Birkenpilz 28
Birkenreizker 57
Birkenröhrling 29
Birnenmilchling 58
Bitterröhrling 43
Blutreizker 51
Blutroter Klumpfuß 114
Blutroter Röhrling 45
Blutschwamm 25
Bocks-Dickfuß 116
Bovist 75, 81
Brätling 58
Brauner Filzröhrling 44, 46, 47
Brauner Ledertäubling 61
Braunhütiger Zirbenröhrling 37
Braunschuppiger Ritterling 104
Breitblättriger Wasserkopf 112
Breitschuppiger Champignon 109
Brennender Ritterling 103
Bronzeröhrling 22
Bunter Täubling 59
Büschel-Rübling 94
Butterpilz 34–36
Butterrübling 99

C

Champignon 75, 81, 106–108

D

Dichtblättriger Schwarztäubling 63
Dickblättriger Schwarztäubling 63
Dickfuß-Röhrling 21
Dunkelbrauner Gürtelfuß 112
Düsterer Röhrling 31

E

Echter Reizker 51, 52, 57
Echter Steinpilz 22
Edelreizker 51
Egerling 75
Eichen-Rotkappe 30
Eierschwamm 128
Elfenbeinröhrling 37, 38
Empfindlicher Krempling 98
Erlen-Krempling 27, 98
Erlengrübling 27

F

Falscher Pfifferling 128
Falscher Rotfußröhrling 45
Faltentintling 122, 123
Feuerfüßiger Gürtelfuß 111
Fichten-Steinpilz 22
Fichtenreizker 51, 52
Filzröhrling 44
Fliegenpilz 71
Flockenstieliger Hexenröhrling 23, 24
Flügelsporiger Milchling 50
Fransenmilchling 56
Frauentäubling 59, 65
Frühjahrslorchel 135–137, 139
Frühlings-Knollenblätterpilz 75
Frühlings-Weichritterling 97

G

Gallenröhrling 22, 43
Gallenstacheling 140
Gartenschirmling 85
Gedrungener Wulstling 72, 73, 76
Gefleckter Rübling 100
Gelbe Kraterelle 129
Gelber Erdschieber 56
Gelber Knollenblätterpilz 68, 75
Gelber Wulstling 68, 69
Gelbflockiger Wollstielschirmling 83
Gemeiner Birkenpilz 29
Gemeiner Erdritterling 103
Georgsritterling 91
Geschmückter Gürtelfuß 111
Gift-Häubling 118, 119
Giftlorchel 135
Glattstieliger Hexenröhrling 23
Goldröhrling 35, 36, 40, 42
Grauer Lärchenröhrling 35, 40, 42
Grauer Leistling 130
Grauer Scheidenstreifling 77, 79
Grauer Tintling 122
Grauer Wulstling 73, 76, 78
Grauhäutiger Scheidenstreifling 77, 79
Graukopf 96
Großer Waldchampignon 109
Großsporiger Dungtintling 123
Grubenlorchel 137
Grubiger Milchling 56
Grünblättriger Schwefelkopf 119, 126
Grüner Giftwulstling 74
Grüner Knollenblätterpilz 65, 68, 74, 75
Grüner Mörder 74
Grüner Speisetäubling 65
Grünfelderiger Täubling 65
Grüngelber Ritterling 75
Grünling 74
Gürtelfuß 112

H

Habichtspilz 140
Halbfreie Morchel 139
Hallimasch 90, 115
Heide-Rotkappe 29, 30
Herbstblatt 96
Herbstlorchel 137
Herbsttrompete 130
Herrenpilz 22
Hohe Morchel 139
Hoher Wulstling 76
Hohlfußröhrling 20
Horngrauer Rübling 99

I

Igel-Schirmling 82

J

Jungfern-Schirmling 86

K

Kahler Krempling 98
Kaiserling 71
Kammtäubling 62
Kapuziner 29
Karbolegerling 106
Kastanienroter Rübling 99
Kegelhütiger Knollenblätterpilz 75
Kegeliger Wulstling 81
Kegelschuppiger Schirmling 82
Kerbrandiger Trichterling 92
Kiefernsteinpilz 22
Klumpfuß 116
Knollenblätterpilz 74, 77, 86, 106
Knopfstieliger Rübling 94
Knotentintling 122
Kohlentintling 125
Körnchenröhrling 33, 34, 36
Körnchenschirmling 93
Krause Lorchel 137
Kuhröhrling 33, 34, 41
Kupferroter Gelbfuß 115

L
Lärchenmilchling 52
Lärchenritterling 104
Lästiger Ritterling 102
Lila Dickfuß 116
Lorchel 137

M
Mai-Schönkopf 91
Maipilz 81, 91
Mairitterling 91, 95
Mandeltäubling 62
Maronenröhrling 44, 47
Märzellerling 95
Märzschneckling 95
Mäuschen 103
Mehlräsling 110
Menthol-Schwarztäubling 63
Milchbrätling 58
Milchling 52, 54
Milchweiße Lorchel 137
Mohrenkopf 53
Moor-Birkenpilz 28, 29
Moormilchling 57
Morchel 135
Morsetäubling 62

N
Nadelholzhäubling 118
Nadelwald-Heringstäubling 66
Narzissengelber Wulstling 69
Nebelgrauer Rötelritterling 96
Nebelkappe 96
Netzstieliger Hexenröhrling 23–25

O
Ockerbrauner Trichterling 92
Orangebrauner Kohlentrichterling 92
Orangebrauner Scheidenstreifling 70
Orangefuchsiger Edelreizker 51
Orangefuchsiger Rauhkopf 115

P
Pantherpilz 72, 73, 76, 78
Paprikapilz 55
Parasol 85, 87
Pechschwarzer Milchling 53
Perlpilz 72, 73, 76, 78
Pfeffermilchling 54
Pfefferröhrling 26
Pfifferling 128
Porphyrröhrling 31, 32
Porphyrwulstling 69, 72, 73

R
Rauchblättriger Schwefelkopf 126
Rauher Schirmling 82
Rauhfußröhrling 28, 29
Riesenrötling 96
Riesenschirmling 85
Riesenstocklorchel 135
Rilligstieliger Weichritterling 97
Ringloser Wulstling 79
Rißpilz 91
Rosaverfärbender Milchling 50
Rostroter Lärchenröhrling 35, 40, 42
Rotbrauner Milchling 55
Rotbrauner Scheidenstreifling 70
Rötender Schirmling 87
Roter Fliegenpilz 71
Rotfußröhrling 45, 46, 47
Rothütiger Steinpilz 22
Rötlicher Wulstling 78

S
Safranschirmling 87
Sandröhrling 33, 41
Satanspilz 20, 24, 25
Satansröhrling 25
Schaf-Champignon 106
Schafeuter 134
Schafporling 134
Scharfblättriger Schwarztäubling 63
Scharfer Brauntäubling 61
Scheidenegerling 108
Scheidenstreifling 77, 80
Scheidling 80
Schleierling 116
Schleimfuß 116, 117
Schleimkopf 116, 117
Schmarotzerröhrling 46
Schmerling 34
Schmieriger Korallen-Milchling 50
Schmierröhrling 34, 39, 40
Schönfußröhrling 21, 24, 25
Schopftintling 122, 123
Schuppenstieliger Hexenröhrling 23
Schuppiger Trichterling 92
Schüppling 113
Schusterpilz 23
Schwarzbrauner Gürtelfuß 112
Schwefelgelber Ritterling 102
Schwefelritterling 102
Schweinsohr 131
Seidenstreifling 79
Seifenritterling 101
Semmelporling 134
Semmelstoppelpilz 138
Silbergrauer Scheidenstreifling 79
Sparriger Rauhkopf 113
Sparriger Schüppling 90, 113
Spechttintling 125
Speisemorchel 139
Speitäubling 60
Spindeliger Rübling 100
Spitzbuckeliger Orangeschleierling 115
Spitzhütiger Knollenblätterpilz 81
Spitzkegeliger Rauhkopf 115
Spitzmorchel 139
Spitzschuppiger Schirmling 82

Stadt-Champignon 108
Starkriechender Pfifferling 129
Stäubling 75
Steinpilz 22, 44
Stinkschirmling 84
Stinktäubling 62
Stocklorchel 135
Stockschwämmchen 118, 119
Striegeliger Rübling 94
Strubbelkopfröhrling 32

T
Tannenpilz 23
Tannenreizker 51, 52
Täubling 59, 75
Teufelspilz 25
Tigerritterling 103
Tintling 124
Totentrompete 129, 130
Trichterling 110
Trompetenpfifferling 129

V
Verfärbender Scheidenstreifling 79
Verpel 135
Violettbrauner Schwefelritterling 102
Vollstieliger Leistling 130

W
Wald-Champignon 109
Waldfreund-Rübling 94
Wasserkopf 112
Weichritterling 91, 97
Weißer Anis-Champignon 106
Weißer Wollstielschirmling 83
Wolliger Milchling 54
Wolliger Ritterling 104
Wolliggestiefelter Schirmling 83
Wulstling 75, 80
Wurzelnder Bitter-Röhrling 20
Würziger Schleimkopf 114, 117

Z

Zedernholztäubling 61
Ziegelgelber Schleimkopf 117
Ziegelroter Rißpilz 91
Ziegelroter Schwefelkopf 126
Ziegelroter Täubling 64
Ziegenlippe 44, 45, 47
Zigeuner 120
Zipfellorchel 135
Zirbenröhrling 38, 41
Zucht-Champignon 108

Dieser aufwendig gestaltete Prachtband begeistert Freunde der Flora, Wissenschaftler und Kunstliebhaber gleichermaßen. Die Autoren sind hochkarätige Experten. Einzigartig und außergewöhnlich ist, daß Hugo Meinhard Schiechtl, der Vater der modernen Ingenieurbiologie, den Maler und Botaniker in seiner Person vereinigt; er bereichert den von Georg Gärtner, Kustos des Botanischen Gartens in Innsbruck, verfaßten Textteil mit botanisch richtigen und ästhetisch hochstehenden Abbildungen.

312 Seiten, reich illustriert, 24 x 17 cm, gebunden. ISBN 3-85093-124-2

€ 28,70

Der von Reinhard Hölzl vorgelegte Band ist eine faszinierende Bilderreise durch die einzigartige Natur der Tiroler Berge und Täler. Beeindruckende und meisterliche Gemälde von der Artenvielfalt der alpinen Tier- und Pflanzenwelt machen das Wunder Natur sichtbar.

216 Seiten, reich illustriert, 24 x 26 cm, gebunden. ISBN 3-85093-064-5

€ 28,90